奇侠录

卢卡·东契奇传

冯逸明/主编

世界知识出版社

北京·2020

图书在版编目（CIP）数据

奇侠录：卢卡·东契奇传 / 冯逸明主编 . —北京：世界知识出版社，2020.10
（钻石超星传记系列）
ISBN 978-7-5012-6305-9

Ⅰ . ①奇… Ⅱ . ①冯… Ⅲ . ①卢卡·东契奇—传记
Ⅳ . ① K835.554.547

中国版本图书馆 CIP 数据核字（2020）第 187689 号

书　　名　奇侠录：卢卡·东契奇传
Qixia Lu：Luka Dongqiqi Zhuan

主　　编　冯逸明

责任编辑　余　岚　刘　喆
责任出版　赵　玥
责任校对　张　琨
封面设计　冯逸明

出版发行　世界知识出版社
地址邮编　北京市东城区干面胡同 51 号（100010）
销售电话　010-65265923　010-57735441
网　　址　www.ishizhi.cn
经　　销　新华书店
印　　刷　朗翔印刷（天津）有限公司
开本印张　710mm × 1000mm　1/16　14 印张
字　　数　238 千字
版次印次　2020 年 11 月第一版
2020 年 11 月第一次印刷
标准书号　ISBN 978-7-5012-6305-9
定　　价　55.00 元

奇侠录
卢卡·东契奇传
LUKA DONČIĆ

心有猛虎，细嗅蔷薇，未来已来，新王驾到。

Luka Dončić

虎乃百兽之王，雍容华贵，气宇不凡。卢卡·东契奇喜欢老虎，并把老虎文在手臂上，他曾憧憬能像泰森一样圈养老虎。他有着猛虎一样统御百兽的气魄与能力，但刚柔相济的他更有一份超凡脱俗的细腻与优雅。

在闯荡NBA的第二个赛季，东契奇就依稀展现出全能的、具有统治力的模样。更为恐怖的是，他的竞技状态还远未到达巅峰……

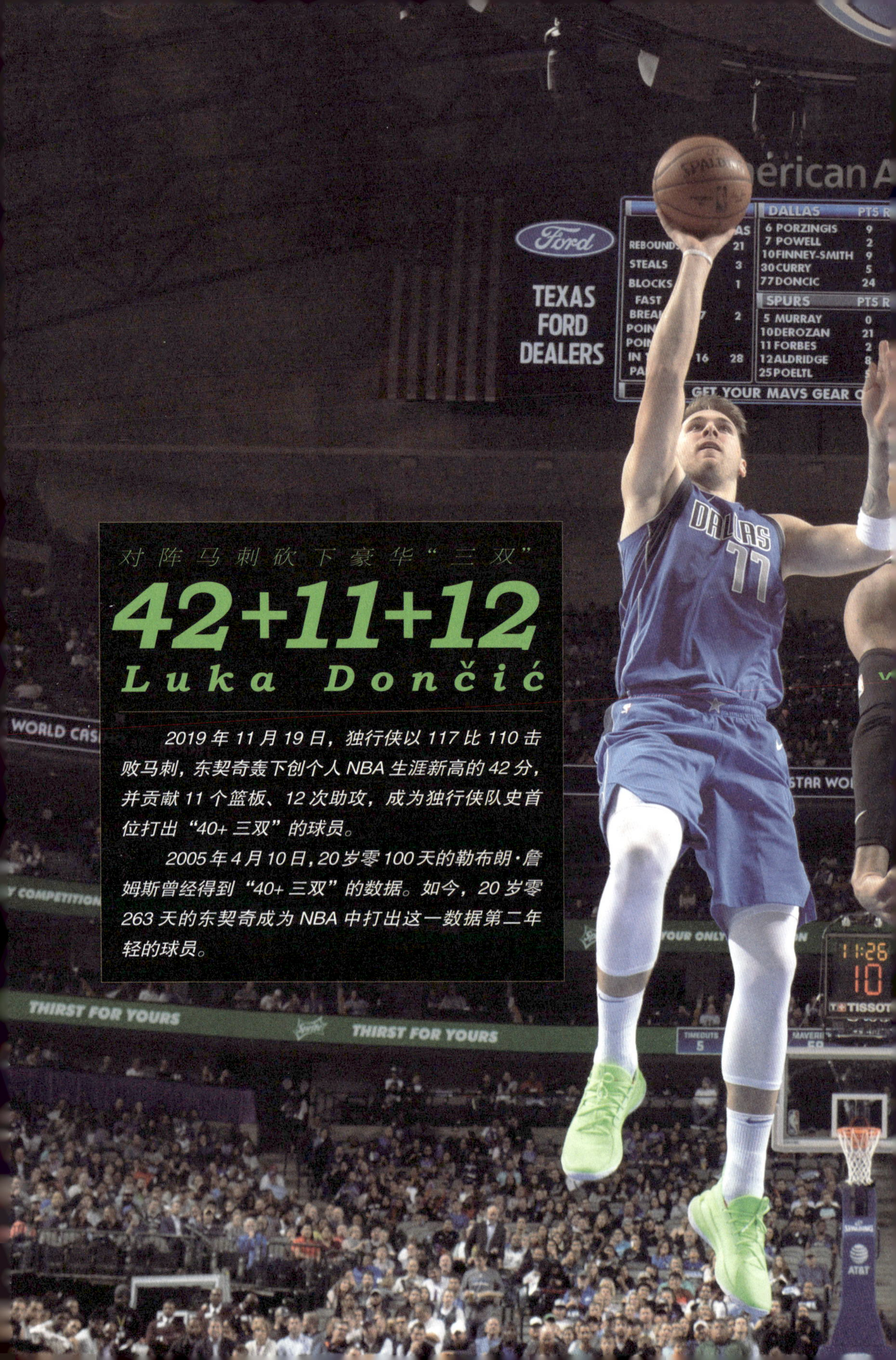

对阵马刺砍下豪华“三双”

42+11+12

Luka Dončić

2019年11月19日，独行侠以117比110击败马刺，东契奇轰下创个人NBA生涯新高的42分，并贡献11个篮板、12次助攻，成为独行侠队史首位打出“40+三双”的球员。

2005年4月10日，20岁零100天的勒布朗·詹姆斯曾经得到“40+三双”的数据。如今，20岁零263天的东契奇成为NBA中打出这一数据第二年轻的球员。

DAL SAS
POINTS OFF TURNOVERS 4 4
SECOND CHANCE POINTS 6 9
POINTS FROM DUNKS 2 0
American Airlines
MURRAY
5
25
WORLD CASINO AND RESORT

单 节 全 能 创 纪 录

22+5+5

Luka Dončić

2019年11月21日，独行侠主场迎战勇士。东契奇在第一节就砍下22分、5个篮板、5次助攻，创个人单节数据新高，同时也攫取“20+5+5”这一全能球星标配数据。

最 年 轻"30+20+10"先 生

34+20+12

Luka Dončić

2020年8月5日，独行侠对阵国王。东契奇砍下34分、20个篮板、12次助攻，21岁零158天的他成为NBA拿到这一数据最年轻的球员。

最年轻单赛季“三双王”

17

Luka Dončić

2020 年 8 月 9 日，在独行侠对阵雄鹿的比赛中，东契奇砍下 36 分、14 个篮板、19 次助攻，单赛季砍下 17 次“三双”，成为本赛季 NBA 拿下“三双”次数最多的球员，并超越 1980/1981 赛季的埃尔文·约翰逊，成为 NBA 历史上最年轻的单赛季“三双王”。

MILWAUKEE
24
chime
DALLAS
SPALDING

19
单场助攻之最

13
取得“30+三双”次数最多的22岁球员

42
季后赛首秀得分纪录

20
单场篮板之最

22
独行侠历史“三双王”

17
职业生涯“30+10”场次

15+10
职业生涯首次半场得到“两双”

20+5+5
连续20场取得“20+5+5”以上数据

●单场助攻之最 /19

2020 年 8 月 9 日，独行侠击败雄鹿。东契奇此役送出 19 次助攻，创个人单场助攻次数纪录，也追平勒布朗·詹姆斯，成为本赛季 NBA 的单场助攻王。

●单场篮板之最 / 20

2020 年 8 月 5 日，在独行侠对阵国王的比赛中，东契奇摘得创个人职业生涯新高的 20 个篮板。

●职业生涯“30+10”场次 /17

2020 年 2 月 13 日，东契奇得到 33 分、12 个篮板。这是他职业生涯第 17 次同时得分超过 30 分且篮板超过 10 个，一举超越詹姆斯，成为 21 岁以下得到“30+10”场次最多的球员。

●取得“30+ 三双”次数最多的 22 岁以下球员 /13

2020 年 8 月 9 日，独行侠击败雄鹿。东契奇取得 36 分、14 个篮板、19 次助攻，职业生涯第 13 次取得“30+ 三双”，在 22 岁以下球员取得“30+ 三双”的次数榜上排名第一。

●独行侠历史“三双王” / 22

2020 年 3 月 5 日，东契奇得到 30 分、16 个篮板、10 次助攻，职业生涯的“三双”次数达到 22 次，超越贾森·基德，升至队史第一。

●首次半场得到“两双” / 15+10

2020 年 8 月 9 日，独行侠以 136 比 132 击败雄鹿。东契奇在上半场得到 15 分、10 次助攻，NBA 生涯首次在半场拿到“两双”，成为继 2009 年贾森·基德之后，第二个半场送出“15+10”的独行侠球员。

●连续取得至少“20+5+5”数据场次历史最多 /20

2020 年 8 月 9 日，独行侠击败雄鹿。东契奇得到 36 分、14 个篮板、19 次助攻，连续 20 场每场至少取得 20 分、5 个篮板、5 次助攻，超越乔丹，排名历史第一。

●季后赛首秀得分纪录 / 42

2020 年 8 月 18 日，独行侠以 110 比 118 不敌快船，在季后赛首轮第一战遗憾败北。但东契奇得到 42 分，创下 NBA 球员季后赛首秀单场得分新高。

新王驾到

Luka Dončić

聚 焦 东 契 奇

聚　焦　东　契　奇

皇马少年
Luka Dončić

2012 年，东契奇来到皇家马德里篮球俱乐部，仅仅两年后，他就率领皇马青年队夺下 U16（16 岁以下）联赛的冠军。年仅 15 岁的东契奇“炸裂式”的成长，让皇马欣喜若狂。他们期望东契奇能成为下一个“鲁迪·费尔南德斯”，但显然，东契奇的成长超出了他们的预期，他要成为皇马的“勒布朗·詹姆斯”。

东契奇出身篮球世家，在 7 岁时就开始接触正规的篮球训练。由于天赋过人，东契奇不断“跳级”到更高的年龄组，每天都要与比自己年龄大的孩子比赛和训练。在速度、力量、身高都不如对手的情况下，他被迫学会了用头脑打球，这也逐渐形成让他受益终生的篮球高智商。

2012 年，在一场 U13（13 岁以下）年龄组的巡回赛中，东契奇砍下 54 分、11 个篮板、10 次助攻，自此名动天下。他的惊艳表现也令篮球豪门皇家马德里为之心动，在签订一纸 5 年的合约后，这位 13 岁的斯洛文尼亚少年背起行囊，只身远赴马德里。

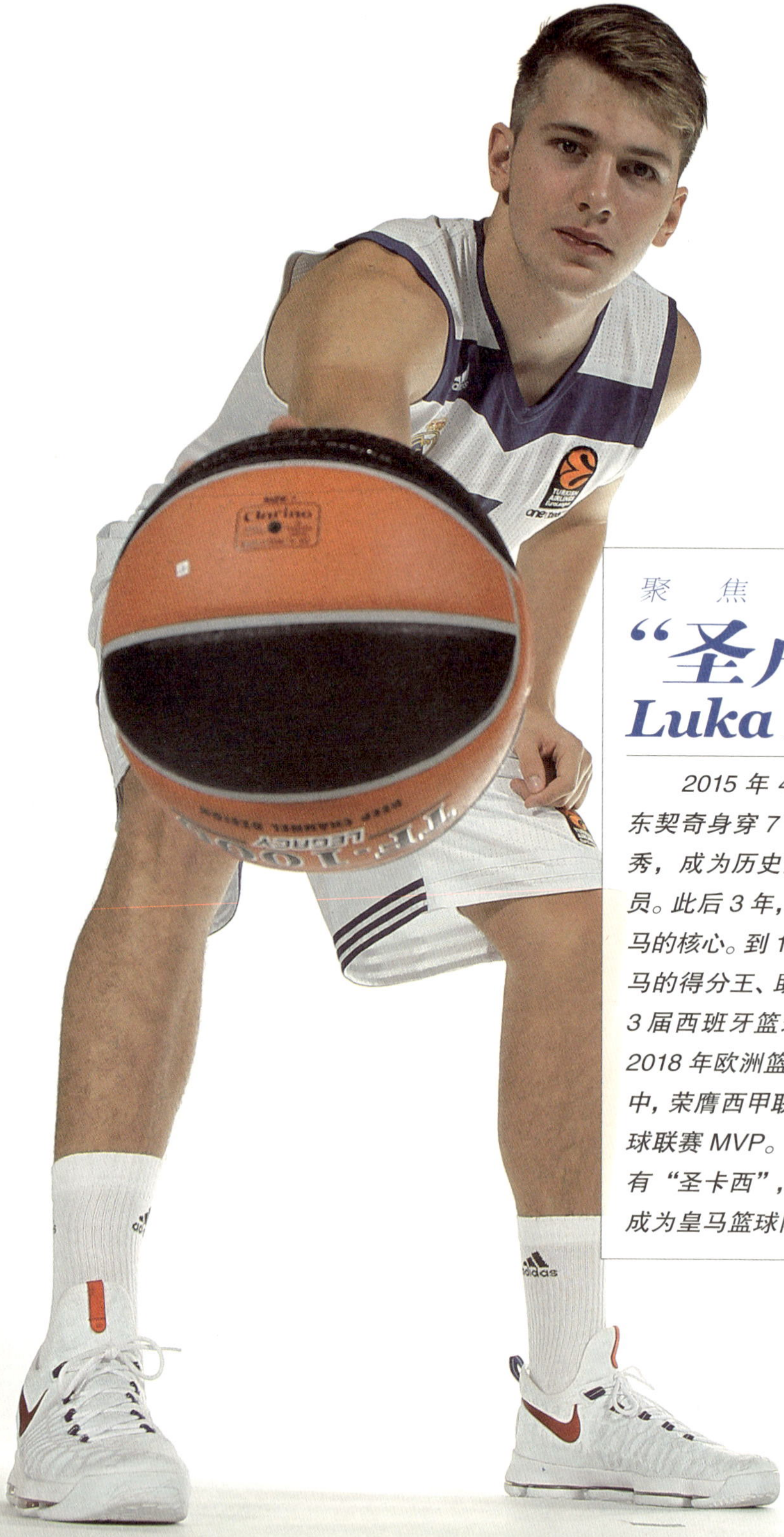

聚 焦 东 契 奇

“圣卢卡”
Luka Dončić

2015年4月30日，16岁的东契奇身穿7号球衣完成皇马首秀，成为历史上最年轻的皇马球员。此后3年，东契奇逐渐成为皇马的核心。到19岁时，他已成为皇马的得分王、助攻王，帮助皇马将3届西班牙篮球甲级联赛冠军与2018年欧洲篮球联赛冠军收入囊中，荣膺西甲联赛MVP和欧洲篮球联赛MVP。如果说皇马足球队有“圣卡西”，那么“圣卢卡”也成为皇马篮球队的骄傲。

聚焦东契奇

欧洲天王

Luka Dončić

18 岁的东契奇率领皇马横扫欧洲篮坛，实现荣耀大满贯。而在 NBA，以巴克利为首的人们却在质疑东契奇：“他速度太慢，无法适应 NBA 的强度。”

那些自带偏见属性的 NBA 权威们很快就被“打脸”。东契奇能从比 NBA 对抗更激烈的欧洲赛场搏杀出来，那么他在有防守三秒规则的 NBA 联盟中，显然更加挥洒自如。

SPALDING
NEVER FLAT
GAME BALL SERIES
@NBA
NBA

聚 焦 东 契 奇

独行侠少帅

Luka Dončić

2018 年 6 月，在 NBA 选秀大会上，东契奇被老鹰以“探花签”选中，随后与特雷·杨互换东家，被交易至独行侠。

在达拉斯，里克·卡莱尔教练非常擅长调教后卫，他敏锐洞察到东契奇就是那种天生的组织者，所以卡莱尔想以基德的方式去塑造东契奇。但很快，东契奇的表现就完全超越了基德，可以媲美同时期的詹姆斯。

东契奇在新秀赛季场均能得到 21 分、7.8 个篮板和 6 次助攻，这已经超越了同期的詹姆斯。但没有率领独行侠杀入季后赛，东契奇并不开心。在一场失利之后，沮丧的他说道：“我们现在输球的场次比我之前一辈子输的还要多！”这显然是队中领袖的语气。

独行侠有着以欧洲球星为核心立队的传统，在送别前一任领袖德克·诺维茨基后，东契奇接过权杖，继续统领这支西部劲旅。

2019/2020 赛季，还是 NBA 二年级新生的东契奇全面爆发，成为当今 NBA 联盟中最耀眼的球星。他可以单节豪取 22 分、5 个篮板和 5 次助攻，也可以全场砍下“40+三双”。更为关键的是，东契奇率领独行侠，在虎狼环伺的西部联盟成功突围，以西部第七的身位挺进季后赛。

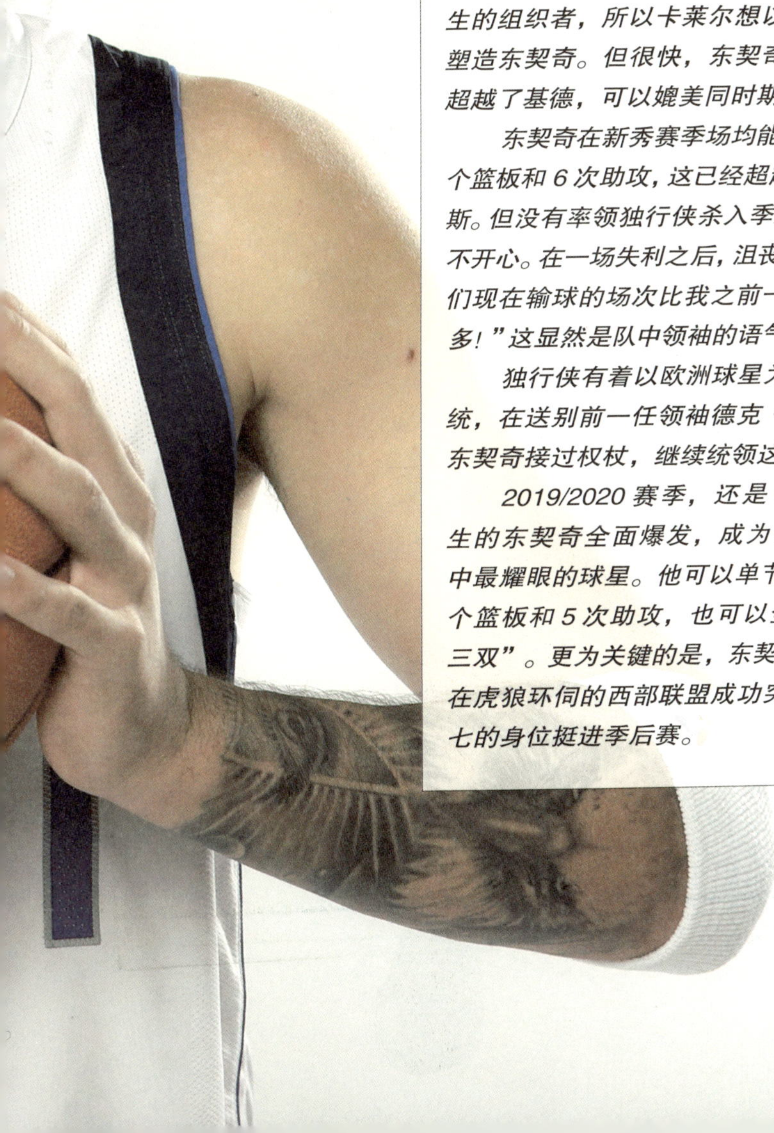

聚 焦 东 契 奇

颜值爆表

Luka Dončić

面如冠玉，剑眉星目，东契奇就像漫画中的翩翩美少年。他继承了曾为舞蹈演员的母亲米尔亚姆·波特宾的俊美容颜，又拥有高大的身材，那是来自曾为篮球国手的父亲沙萨·东契奇的基因。本来可以靠颜值，却偏偏凭实力打天下，东契奇成为 NBA 中外貌与实力兼具的新一代招牌巨星。

SPALDING
THE
FUTURE

2011 NBA
CHAMPIONS
DALLAS

聚 焦 东 契 奇

优质偶像

Luka Dončić

东契奇横空出世，迅速成为NBA中最炙手可热的新星。他甚至力压詹姆斯，成为2020年全明星的首轮票王，还在同年6月的票选中成为NBA最受欢迎的球员。虽然东契奇已是当红球星，但他依旧谦逊、低调，全身心专注于篮球本身。他对球迷非常友善，这位极具亲和力的大男孩已经成为NBA的优质偶像。

卢卡·东契奇荣耀表

2 届西甲联赛最佳年轻球员：2017 年、2018 年
3 届西甲联赛冠军：2015 年、2016 年、2018 年
1 届西甲联赛常规赛 MVP：2017/2018 赛季
1 届欧锦赛冠军：2017 年
2 届欧洲篮球联赛最佳新秀：2017 年、2018 年
1 届欧洲篮球联赛冠军：2018 年
1 届欧洲篮球联赛常规赛 MVP：2017/2018 赛季
1 届欧洲篮球联赛四强赛 MVP：2018 年

NBA 最佳新秀：2018/2019 赛季
NBA 最佳新秀阵容：2018/2019 赛季
1 届 NBA 全明星首发：2020 年
1 届 NBA 最佳阵容：2019/2020 赛季

注：
- 西甲联赛：西班牙篮球甲级联赛
- 欧锦赛：欧洲篮球锦标赛

聚 焦 东 契 奇

荣耀满载

Luka Dončić

18 岁的东契奇就随斯洛文尼亚队夺得欧锦赛冠军，19 岁的他又率领皇马登顶欧洲篮球联赛。自此，东契奇已经实现欧洲篮坛荣耀大满贯。进入 NBA 之后，东契奇一路星途坦荡，各种荣誉也纷至沓来。

2 两届西甲联赛最佳年轻球员

2017 年，18 岁的东契奇首次荣膺西甲联赛最佳年轻球员。2018 年，东契奇随皇马夺得西甲联赛冠军，19 岁的他再次荣膺西甲联赛最佳年轻球员。

MEJOR JOVEN
LUKA DONCIC
Real Madrid
liga endesa
TEMPORADA 2016-17

1

一届西甲联赛常规赛 MVP

2017/2018 赛季西甲联赛，东契奇场均砍下 12.5 分、5.7 个篮板、4.7 次助攻，率领皇马打出联盟第一的胜率，这位年仅 19 岁的斯洛文尼亚天才小子首次加冕西甲联赛常规赛 MVP。

3

三届西甲联赛冠军

2018年6月20日，西甲联赛决赛，东契奇率领皇马以96比85战胜巴斯克尼亚，夺得2018年西甲联赛冠军。自此，东契奇跟随皇马，分别在2015年、2016年和2018年三次夺得西甲联赛冠军。

2017
FIBA

@FIBA

1

一届欧锦赛冠军

2017 年 9 月 18 日，斯洛文尼亚队在欧锦赛决赛上以 93 比 85 战胜塞尔维亚队，历史上首次夺得欧锦赛冠军。

东契奇在欧锦赛的 9 场比赛中场均得到 14.3 分、8.1 个篮板、3.6 次助攻，率领斯洛文尼亚队 9 战全胜。

1 一届欧洲篮球联赛常规赛 MVP

1 一届欧洲篮球联赛四强赛 MVP

在 2017/2018 赛季的欧洲篮球联赛中，东契奇场均砍下 16 分、4.9 个篮板、4.3 次助攻，率领皇马挺进决赛，加冕欧洲篮球联赛常规赛 MVP。

2018 年 5 月 21 日，东契奇率领皇马以 85 比 80 战胜费内巴切，当选最终四强赛 MVP。19 岁的东契奇也成为历史上最年轻的欧洲篮球联赛四强赛 MVP。

1 一届欧洲篮球联赛冠军

2018 年 5 月 21 日，东契奇出场 29 分钟，8 投 3 中，得到 15 分、3 个篮板、4 次助攻，率领皇马以 85 比 80 战胜费内巴切，夺得欧洲篮球联赛冠军。

1 一届NBA最佳新秀

2018/2019 赛季，东契奇场均得到 21.2 分、7.8 个篮板、6 次助攻，力压特雷·杨成功当选 2018/2019 赛季 NBA 最佳新秀。

1 届NBA月最佳球员

2019年11月，东契奇场均砍下30.8分、9.9个篮板、9.6次助攻，率领独行侠取得12胜6负的优良战绩，NBA生涯首次荣膺月最佳球员。

1 届NBA最佳阵容

2019/2020赛季，东契奇场均得到28.8分、9.4个篮板、8.8次助攻，率领独行侠取得43胜32负（西部第七）的佳绩，首次入选NBA最佳阵容（一阵）。

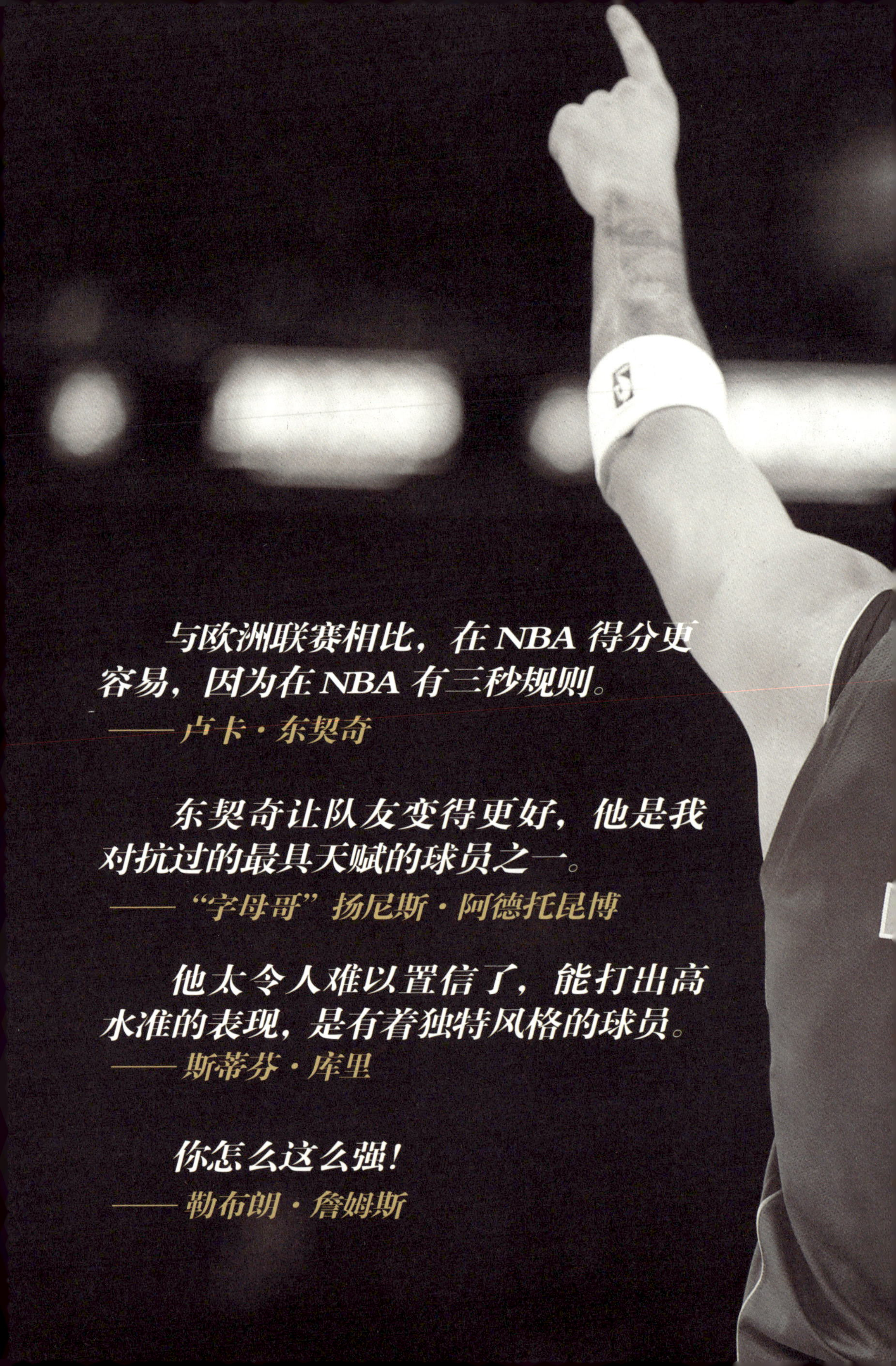

与欧洲联赛相比，在 NBA 得分更容易，因为在 NBA 有三秒规则。

——卢卡·东契奇

东契奇让队友变得更好，他是我对抗过的最具天赋的球员之一。

——“字母哥”扬尼斯·阿德托昆博

他太令人难以置信了，能打出高水准的表现，是有着独特风格的球员。

——斯蒂芬·库里

你怎么这么强！

——勒布朗·詹姆斯

奇侠录

卢卡·东契奇传

Luka Dončić

●文 / 韦伯三世

JUST DO IT.
Nike Sportswear

TA 11

未来之王的降生

Luka Dončić

对于绝大多数 90 后和 00 后来说，南斯拉夫这个名字似乎有些陌生，但对于 60 后、70 后和 80 后而言，南斯拉夫的篮球曾经令人记忆深刻。

托尼·库科奇、弗拉德·迪瓦茨、迪诺·拉德加……一个个耳熟能详的名字。这些球员都曾驰骋在 NBA（美国职业篮球联赛）赛场，虽然他们并非顶级球员，但他们拥有欧洲篮球先进的团队协作理念以及娴熟的个人技术。

他们组成的南斯拉夫男子篮球队几乎囊括一个国家队能够拿到的所有荣誉：1989 年与 1991 年，他们两度夺得欧锦赛冠军；1990 年，他们在篮球世锦赛半决赛中，以 99 比 91 击败由众多 NBA 球星领衔的美国队，又在决赛中击败对手，从而斩获世锦赛冠军。

南斯拉夫男子篮球队在 1988 年汉城奥运会获得银牌，所以他们只剩下一个未竟的心愿——在 1992 年巴塞罗那奥运会上击败美国队，摘得奥运会金牌。

但遗憾随之到来，随着南斯拉夫开始陆续解体，那支所向披靡的篮球队不复存在，球员们也被迫四散分离。当最后一次代表南斯拉夫队对阵意大利队的比赛结束时，他们纷纷泪落如雨。那支欧洲的篮球“梦之队”走完了最后一程，带着没有在奥运赛场上击败美国队的无比遗憾，从此告别了历史舞台。

沙萨·东契奇就是那支“梦之队”的其中一员，国家解体之后，他背起行囊回到了家乡卢布尔雅那。彼时家乡的街道上已经没有了南斯拉夫的旗帜，现在卢布尔雅那成为斯洛文尼亚共和国的首都。

为了生计，沙萨开始辗转于欧洲各个篮球俱乐部，一边继续从事自己热爱的篮球事业，一边赚钱养家。他的妻子米尔亚姆·波特宾曾经是一名跨栏运动员，后来成为一名舞蹈演员兼模特。1999 年 2 月 28 日，沙萨和妻子回到卢布尔雅那的第三年，他们诞下一名男孩，并起名“卢卡”。

卢卡·东契奇出生的时候，南斯拉夫已经成为一个历史名词，但人们对于篮球的热情却丝毫没有减弱。斯洛文尼亚其实并不像塞尔维亚、克罗地亚那样盛产篮球明星，在东契奇正式进入国家队之前，斯洛文尼亚队的领军人物还只有戈兰·德拉季奇。

卢卡·东契奇的出生，令斯洛文尼亚终于在未来有了属于自己的篮球巨星。东契奇是一位不世出的篮球天才，当然，如今才刚刚 20 岁出头的东契奇还远未达到职业生涯巅峰，他的终极水平将成为什么样，我们无法想象，就像他如光速般蹿红，以摧枯拉朽之势颠覆各项纪录一样，没有人能描绘他的未来。

卢卡·东契奇，也许会超越勒布朗·詹姆斯，他属于未来，但他已经到来！

7
adidas
adidas

第一章
天才崛起

01 77

深爱篮球的小朋友

Luka Dončić

出生在篮球世家的东契奇从小就开始接触篮球，这也让他比同龄人更容易进入这一领域。值得一提的是，东契奇在 7 个月大的时候，就开始对篮球产生浓厚兴趣，父亲沙萨·东契奇专门为他购置了迷你篮球和篮筐。一个襁褓中的婴儿对篮球的初心，虽然不是童话故事，却比童话故事有着更美妙的伏笔。

东契奇的母亲米尔亚姆·波特宾曾随尤卡斯舞蹈团夺得过世界冠军。她拥有优雅的气质、高挑的身材与惊人的美貌。很显然，东契奇继承了妈妈的颜值，从小东契奇就生得剑眉星目，英俊非凡，有一副小明星的模样。

明明可以靠颜值，而东契奇偏偏选择靠实力打拼的篮球之路。

似乎是继承了父亲的篮球基因，只要有篮球，东契奇就会在篮筐下动个不停。经常到他家做客的亲朋好友们，都热切地称呼这个孩子为“深爱篮球的小朋友”。

到了东契奇 7 岁时，父亲沙萨觉得爱子已经可以正式接受专业的篮球训练了。于是，他开始为东契奇量身制订训练计划，一切都是以 NBA 的训练标准为模版。

沙萨非常期望东契奇能够达到他未能企及的高度，甚至实现他未竟的心愿，在世界篮球的最高舞台上战胜美利坚。

为此，沙萨煞费苦心，东契奇在家里进行了一年训练之后，沙萨就把爱子送进斯洛文尼亚最好的少年篮球俱乐部——奥林匹亚篮球俱乐部少年队。与此同时，沙萨更是邀请斯洛文尼亚的篮球“教父”——曾经效力 NBA 联盟 12 年之久的拉休·内斯特洛维奇，对东契奇进行更高级别的训练。

在父亲和“教父”的双重特训下，东契奇的篮球技艺迅速增长，同时他也展现出了远超同龄人的篮球天赋与智商。在奥林匹亚少年队，他就是其他父母眼里“别人家的孩子”。这位在同龄人中无可匹敌的“学霸”，很快实现了“跳级”。

东契奇 8 岁时，就因为在与同龄人的第一场比赛中大杀四方，仅仅打了 16 分钟，便被教练叫停了比赛。在教练组讨论之后，他被破格升到了 11 岁年龄组。9 岁时，他更是连跳三级，成为 14 岁年龄组的成员，开始与比自己年龄大许多的青年球员同场竞技。

“我从小就和比自己年纪更大、比赛经验更丰富的球员交手。”如今东契奇回想起那段岁月，如是说道，“他们大多比我更高大，速度也更快，所以我必须用技术和头脑战胜他们。”

8 岁时的东契奇，在俱乐部中邂逅了德拉季奇。彼时的德拉季奇也不过是一个 21 岁的毛头小伙儿，但不知道为什么，当他看到东契奇时，却有种莫名其妙的预感：10 年之后，也许他会和这个小孩一起驰骋在欧洲乃至世界球场。不得不说，德拉季奇当年的预感真的十分准确，若干年后，他们真的在一起横扫了整个欧洲赛场。

幼年时期的东契奇觉得打篮球是一件无比开心的事，他宁愿放弃所有玩具也要去打球。这位天才少年在奥林匹亚少年队培训的 5 年里已经“名满天下”，13 岁时的东契奇便成为备受瞩目的明日之星，全欧洲篮球豪门的球探都跑到斯洛文尼亚来看他打球。

02 11

“小学霸”的跳级之路

Luka Dončić

东契奇的篮球之路虽然一帆风顺，但在其他方面却遭遇了挫折。在东契奇 8 岁时，父母的感情就出现了危机，最终劳燕分飞。母亲米尔亚姆开始独自抚养东契奇，为了爱子的篮球之路，身为模特的米尔亚姆转行开起了美容院，义无反顾地付出所有。

父母离异，让年幼的东契奇早早就懂得了坚强与责任。为了回报母亲的爱，东契奇在篮球场上挥汗如雨，比其他同龄人更加勤奋和刻苦地训练。

虽然东契奇在身高、臂展上相比其他同龄人有着一些优势，但在运动能力方面并不突出，好在东契奇知道如何扬长避短。早在幼年时期，他就开始和比自己高、比自己强壮的大孩子进行篮球对抗，为了在球场上生存，他被迫练就一身本领，那就是可以依靠身体优势强吃比自己瘦弱的对手，也可以依靠灵活性避开比自己强壮的对手。

在这样的环境中，东契奇还练就了篮球场上最难修炼的技巧——集超高球商和老辣打法于一身的“全能地板流”。待到少年初长成，13 岁的东契奇进入青春烂漫的舞勺之年，他已经成为整个欧洲都为之瞩目的少年篮球精英，加上彼时他出落得眉清目秀，因此被誉为新一代的“篮球金童”。

2012 年 4 月，在斯洛文尼亚 U13 巡回赛罗马站的比赛中，东契奇大放异彩，他疯狂砍下 54 分、11 个篮板、10 次助攻的超大号“三双”，最终捧起了 MVP 奖杯。

俱乐部看着他疯狂“虐待”同龄人，万般无奈之下，再度启用当年的“跳级战略”，把他“放逐”到 U18（18 岁以下）联盟，让他继续和比自己大很多的球员同场竞技。

2012 年 2 月，在西甲发展联盟决赛皇马对阵巴塞罗那的比赛中，从奥林匹亚联盟租借来的东契奇代表皇马登场，并砍下 20 分，引起了西班牙篮球豪门皇马的高度注意。皇马上下都觉得这个孩子未来一定会成长为独当一面的超级巨星，成为篮球界的 C 罗。于是，他们向东契奇抛出了橄榄枝。

虽然这是个不错的发展机会，但却遭到了东契奇母亲米尔亚姆的强烈反对。因为前往皇家马德里，就意味着她那年少的爱子要离开亲人，孤身一人远赴异国他乡，在十三四岁的年纪就要独自生活。

但最终，东契奇的一句话，还是让母亲同意他的马德里之行。“妈妈，我想去试试！”东契奇清澈的眼神里充满着坚定和期待。

米尔亚姆知道，她无法阻拦，因为那是孩子一辈子的梦想。既然他是天才少年，那就应该义无反顾地向着自己的梦想启程。

03

皇马天才的诞生

2012 年，皇家马德里以一纸 5 年的合约签下东契奇。这位 13 岁的斯洛文尼亚少年收拾行囊，为了梦想远赴马德里。异国他乡对于涉世未深的东契奇来说，有的不只是新奇与梦想，也有着更多的磨难与意外。

初到马德里，陌生的城市与人群仿佛成为沟壑，横亘在东契奇和未来之间。顶着“少年篮球奇才”的头衔，让东契奇拥有了更多的关注，同时也承受着更多的压力。

最初几个月的训练和生活最是难熬，语言的不同、环境的变化，让他也曾动摇，但还是坚持了下来。

“我的家人朋友都在斯洛文尼亚，我刚来马德里的时候，对于当地的风土人情以及语言都是一窍不通。”东契奇回忆起当时的窘境，如是说道，“我曾不止一次想打退堂鼓，但每次都告诉自己再坚持一下。我慢慢学会了西班牙语，这样沟通起来就更加方便，我逐渐适应了新的环境，队友们也给予我许多帮助。”

渐渐适应之后，东契奇的能力也开始逐渐展露出来。在皇马青年队中，东契奇一直都是最耀眼的那一个。他的表现无可挑剔，

尽管还是在青少年级别的队伍中，但他的天赋和才华还是在每一场比赛中发挥得淋漓尽致。

2012年至2013年，东契奇完成了从一个青少年球员向职业球员的蜕变。2013/2014赛季，他率领皇马青年队一路杀入了U16联赛的总决赛，并捧起了冠军奖杯。

那时，年仅15岁的东契奇已成为皇马U16青年队的核心，进攻、防守、助攻、突破、扣篮，他无所不能。此外，东契奇打得颇为灵动、飘逸，既有欧洲球员的团队属性，也有NBA球星的个人进攻。

东契奇“炸裂式”的成长，让皇马上下欣喜若狂。他们最初期望东契奇能成为下一个“鲁迪·费尔南德斯”，这已经是个NBA级别的模板了，但东契奇的成长速度却超出了他们的预期，从年龄和发展潜力上来看，他甚至很可能成为皇马的“勒布朗·詹姆斯”。

Teka

Teka

Teka

04 77

“青年军”的领袖

Luka Dončić

2014/2015 赛季，持续成长的东契奇再次“跳级”，这位 15 岁的少年已经开始代表皇马 U18 队参加比赛。在 U18 的赛场上，虽然东契奇比其他球员小 3 岁，但他越发成熟，球技也日趋完美。随着赛季的进行，他开始挑起皇家马德里青年队的大梁，场均能够轻松贡献 14.5 分、6.2 个篮板、3.1 次助攻的全能数据，并率领皇马青年队参加了成人级别的职业赛，斩获西班牙篮球丙级联赛小组赛头名的佳绩。

看到东契奇超越年龄的完美表现后，皇马上下一致决定将这位年仅 16 岁的小将提入俱乐部一队，代表皇马征战西班牙篮球甲级联赛。东契奇也成为征战西甲联赛最年轻的皇马球员。同时，通过历史数据统计，他也成了欧洲篮球青少年球员中效率最高的三人之一，其他两人则是大家耳熟能详的阿维达斯·萨博尼斯和安德烈·基里连科。

皇马的这一决定，也见证了一个超级巨星的冉冉升起。

摆在东契奇面前的航程并非一帆风顺，整个皇马大牌云集，鲁迪·费尔南德斯、安东尼·兰多夫、杰弗里·泰勒、安德烈斯·诺西奥尼等都是曾在 NBA 赛场征战过的悍将，而当时年仅 16 岁的东契奇在这帮“老江湖”面前还略显稚嫩。

2015 年 4 月 30 日，年仅 16 岁零 2 个月的东契奇迎来自己职业生涯的第一战——西甲联赛的首秀。在西甲联赛皇马对阵马拉加银行的比赛中，东契奇并没有获得太多的出场时间，最终只得到 3 分，不过他也紧随里基·卢比奥（14 岁零 11 个月）和安吉尔·雷波罗（15 岁零 3 个月），成为完成西甲联赛首秀第三年轻的球员。

皇马主教练巴勃罗·拉索非常擅长调试阵容深度，并看好东契奇的未来，于是他慢慢地开始分配更多的出场时间给东契奇，并逐渐稳定其在球队中的位置 。

在教练和队友们的无私帮助下，东契奇首个西甲赛季过得异常平顺，他一直在提升自己的技艺，同时身高也长到 2.01 米。因为曾经司职后卫，他更练出与自身高大身形不匹配的小个控卫技术。东契奇拥有出众的球场视野、超高的球商和出色的大局观，主教练巴勃罗看到了他的无穷潜力，放手让他出任球队的任何位置。在第一个赛季场均不到 20 分钟的时间里，东契奇的得分、篮板、助攻等各项数据都在逐渐提升。

2014/2015 赛季结束后，东契奇还跟随皇马参加了季后赛和国际篮联洲际杯，通过各大赛事的历练再度提升自己的能力。

2015 年，东契奇率领皇马获得洛斯皮塔莱巡回赛冠军。虽然他比绝大多数球员都要小两岁，但他还是因为表现优异而入选了第一阵容。不仅如此，他还代表皇马参加了欧洲篮协举办的阿迪达斯下一代篮球锦标赛，带领球队击败上届冠军贝尔格莱德红星，并荣膺总决赛 MVP。

Serbia
KZS
adidas
FIBA
SLOVENIJA
77
telemach
adidas

第二章
欧洲新王
卢卡·东契奇传

01 新星闪耀欧罗巴

Luka Dončić

2015/2016 赛季，东契奇入选了皇马征战西甲联赛和欧洲篮球联赛的 12 人大名单，并在西甲联赛第 8 周皇马对阵毕尔巴鄂的比赛中，砍下 15 分、6 个篮板、4 次助攻，同时获得 22 分的最有价值球员评分，这些都刷新了西甲联盟 17 岁以下球员场上数据和评分指数纪录。

那个赛季，虽然东契奇还没有正式成为皇马主力球员，但已经扮演起球队的重要角色，对于当时还没有成年的东契奇而言，已经非常难得。

待到接下来的 2016/2017 赛季，东契奇便开始了化茧成蝶的旅程。在西甲联赛第 11 轮皇马对阵富恩拉布雷达（Montakit Fuenlabrada）的比赛中，他砍下 23 分、11 个篮板，并一鼓作气获得第 11 轮比赛周的 MVP。整个 2016/2017 赛季，东契奇代表皇马共出战 42 场，场均登场 19.8 分钟，场均砍下 7.8 分、4.5 个篮板、4.2 次助攻，投篮命中率高达 50.5%，这位年仅 18 岁的少年表现得可圈可点。

值得一提的是，东契奇还全票当选为欧洲篮球联赛的最佳新秀。在 2017 年代表斯洛文尼亚队出战的热身赛中，东契奇也表现上佳。

等到夏天联赛结束时，东契奇并没有去斯洛文尼亚青年队报到，而是和德拉季奇一起入选国家队，代表斯洛文尼亚队征战欧洲篮球锦标赛（欧洲杯）。

那时的德拉季奇正值巅峰，2016/2017 赛季，他作为热火一员，场均能得到 20.3 分和 5.8 次助攻，这在 NBA 也是全明星的数据。当时已 32 岁的德拉季奇表示，2017 年欧锦赛是他参加的最后一届国际大赛，这名热火控卫即将从斯洛文尼亚国家队退役。

就这样，一位冉冉升起的新星与即将谢幕的名宿携手出征，那届欧锦赛也因此充满着王权交接的仪式感。

在以老带新的斯洛文尼亚国家队，东契奇得到充分成长的空间。主教练伊戈尔·科科什科夫说："戈兰对卢卡成长的意义，和史蒂夫·纳什对戈兰 NBA 生涯的意义是一样的。"

在前辈球员的指导下，再加上欧锦赛的历练，东契奇开始全面进化，他尽情地展示出顶级控卫的组织天赋。东契奇在挡拆回合中一般充当持球组织者，其调度进攻的才华

也因此被展现得淋漓尽致。

高持球占有率并没有拖累球队的进攻，反而将东契奇分享球权的意识发挥得更彻底。他能够根据场上局势的变化，迅速作出正确反应，同时他拥有足够的技巧，能够胜任二号位、三号位的责任，在转移球和投篮威胁等方面发挥篮球智商，此外他还拥有在大个子中独树一帜的传球视野。

就连他在速度和爆发力方面的短板，也被他聪明地利用自身其他长处“掩盖”了过去。他非常擅长用自己两米的身高完成远距离投射，并以此拉扯对方的防线。

这一切，让他赢得了“欧洲魔术师”的美誉。所有的教练都对欧锦赛后的东契奇“爱不释手”，毕竟作为一个大个子，他能从一号位一直担当到四号位。除此之外，他还在欧锦赛中展露出了非同一般的篮板球嗅觉，他习惯性地游走在锋线及后卫线的各个位置，却能在合适的时间拿下篮板。在那届欧锦赛上，他场均 7.7 个篮板的成绩甚至超过了马克·加索尔。而在拿下篮板之后迅速发起并推进快攻，更是他的拿手好戏。

02 11

问鼎欧锦赛

Luka Dončić

2017年欧洲篮球锦标赛1/4决赛，斯洛文尼亚队迎战拉脱维亚队，这是堪称“神仙打架”的经典对决，也是两位欧洲新贵——18岁的东契奇与22岁的克里斯塔普斯·波尔津吉斯的直接对话。

他们后来在独行侠成为队友，接过诺维茨基的“欧洲天王”战旗，叱咤NBA赛场。当然，这些都是后话。在当时，他们针锋相对，棋逢对手，打出了火星撞地球般的比赛。

那场比赛，东契奇14投7中，拿到27分、9个篮板，并命中一记压哨三分球，率领斯洛文尼亚队击败拉脱维亚队，挺进四强。

波尔津吉斯的表现也毫不逊色，他21投12中，奉献34分、6个篮板，并屡屡命中关键球，率队一度反超比分。怎奈拉脱维亚队整体实力不济，遗憾败北，最终止步八强。

更令波尔津吉斯闹心的是，他被一个矮了自己一头的“毛头小子”欺负了。那个毛头小子能面对他轻松推进禁区，还能在他面前“收割”篮板，顺手“骗”他一个犯规；那个毛头小子还在他面前玩起了后撤步三分球，而他竟然毫无办法。那个毛头小子就是东契奇。

赛后，波尔津吉斯苦笑着说：“我不知道还有哪个欧洲的孩子能打出这样的水准。”看来“波神”对东契奇印象深刻，这也为日后彼此联手埋下伏笔。

淘汰拉脱维亚队之后，斯洛文尼亚队在欧锦赛半决赛遇到了强大的西班牙队。然而，加索尔兄弟和初代“篮球金童”卢比奥掌舵的“无敌战舰”，却在东契奇与德拉季奇领衔的斯洛文尼亚队面前不堪一击，狂输20分后，他们目送东契奇率队走向决赛。

西班牙人输得心服口服，保罗·加索尔如此评价东契奇：“他天赋超群，这样的表现不仅在他的年龄段是极高水准，放在所有年龄段都是，他在未来可能会成为NBA的大人物。”这位“未来的大人物”此后终于绽放在欧洲之巅。

面对西班牙队的比赛，东契奇贡献出11分、12个篮板、8次助攻，然而这个“准三双”数据远远没有体现出他的价值，但他对于西班牙“黄金一代”的全面压制，却凸显出后生可畏。

KET
KZS
FIBA
SLOVENIJA
77
telemach
野球帝
PORZINGIS
6
Protein
24
PIRAUS
BANK

在 2017 年欧锦赛终极决战中，德拉季奇 22 投 12 中，砍下 35 分，其中第二节独取 20 分率队拉开分差，最终带领斯洛文尼亚队以 93 比 85 击败塞尔维亚队，加冕欧锦赛的冠军。

德拉季奇成为本届欧锦赛的王者，他场均砍下 22.6 分、4.4 个篮板、5.1 次助攻，荣膺本届欧锦赛的 MVP。值得一提的是，他与东契奇带领斯洛文尼亚队以全胜战绩横扫对手夺冠。

作为此届欧锦赛的最佳新人，东契奇场均能砍下 14.3 分、8.1 个篮板和 3.6 次助攻，两分球命中率为 55%，并入围了最佳阵容，表现惊艳。他已经成为 2018 年“状元秀”热门，并获得了“下一个伯德”的美誉。

这是一次欧洲篮球改朝换代的盛会，西班牙“黄金一代”告别，欧洲篮球新王诞生，年轻一代球星开始接班。欧洲篮球在颠覆传统格局，但在颠覆中又有传承和发展。

东契奇的天赋和那些美国篮球少年们并不相同，他没有太多眼花缭乱的过人集锦或者飞天暴扣，但是只要留意，你就能通过网络看到他的成长轨迹，以及在每个年龄段里他的集锦。当然，在每个年龄段，他都是最优秀的球员……

KZS
SLOVENIJA
11
telemach
0
telemach

telemach
telemach
telemach

TURKISH
AIRLINES
EuroLeague
2017-18
MVP
JACQUES LEMANS

第三章
征服欧罗巴

卢卡·东契奇传

01 TT

夺冠后的奇迹小子

Luka Dončić

经历了2016/2017赛季的逐步成长、欧锦赛夺冠的成功之后，东契奇越发成熟。成功总是给有准备之人，在接下来的2017/2018赛季，改变东契奇命运的际遇也跟着不期而至。赛季开始没多久，皇马的首发球员塞尔希奥·尤伊便遭遇重创，赛季报销，虽然伤病让人难过，但东契奇的机会却也因此而来。

在之后的比赛里，东契奇开始被皇马主教练推上首发位置，并逐渐委以重任，担当球队的核心中枢。东契奇也抓住了机会，一面认真完成教练布置的战术，学习率领球队，主宰比赛，一面加强自我训练，不断提升自己的篮球技能。

众所周知，皇马足球队是享誉世界的“银河战舰”，是天下属一属二的足球豪门。而皇马篮球队也不遑多让，他们曾33次登顶西甲篮球联赛，10次夺得欧洲篮球联赛冠军，是当今欧洲篮坛屈指可数的超级豪强。

足球队与篮球队同属于皇马俱乐部，他们的青训营也相邻。占地面积庞大的训练基地“皇马体育城”坐落在马德里城北22公里的地方，那里风景优美、设施完备。

东契奇在那里度过了13岁到18岁的年少岁月，在他年满18岁之前，皇马没有安排他接受任何采访。东契奇就在那里“与世隔绝”，日复一日潜心进行着“魔鬼训练”。由始至终，他都秉承着对篮球的热爱，似乎从未疲倦。

其实作为一名欧洲少年，东契奇年幼时还对足球兴趣浓厚，在打篮球的同时还曾踢了四年足球。可惜因为个子太高，只能司职前锋，仅仅擅长“高空轰炸”的他不得不离开足坛，心无旁骛地专注于心爱的篮球事业。

对于篮球，东契奇是发自内心喜爱的，或许是因为从小到大一直有篮球相伴，这项运动已经成为融入他血液的一种依恋和习惯。

也许正是因为对篮球的这种热爱，东契奇的比赛看起来总和其他人有些不同。他似乎并没有那么执着于胜利，却总在关键时刻挺身而出教训对手，仿佛在告诫他人：这是我热爱的事业，你的热情远远不如我来得炽烈。

带着这样的感情，东契奇迎来了更加波澜壮阔的2017/2017赛季。

Teka
17

TURKISH AIRLINES
EuroLeague
ANADOLU EFES
12
Universidad Europea
AYÓN
14
ISTANBUL

02 11

登上欧洲之巅

欧洲篮球联赛是欧洲篮球最高级别的赛事，它与闻名遐迩的欧洲冠军联赛（足球）一样，成为无数球迷心中的盛宴。

2017 年 10 月 13 日，在欧洲篮球联赛小组赛皇马对阵阿纳多卢艾菲斯的比赛中，状态火热的东契奇仅仅出战 26 分钟，就斩获 27 分、4 个篮板、4 次助攻，他 14 投 9 中，罚球 7 罚 6 中，率领皇马以 88 比 74 战胜了对手。

这场比赛几乎成了 2017/2018 赛季欧洲篮球联赛东契奇表现的一个缩影。该赛季，他一共出战 32 场比赛，在场均 25.9 分钟的上场时间里，他为球队贡献了 16.1 分、4.9 个篮板和 4.3 次助攻。这个数据在整个欧洲篮球联赛

中都是相当令人瞩目的。

2018 年 5 月 20 日，皇马挺进联赛半决赛，东契奇更是锋芒毕露。在迎战传统劲旅莫斯科中央陆军的比赛中，东契奇出战 30 分钟，最终拿下 16 分、7 个篮板、2 次助攻、1 次抢断，带领皇马以 92 比 83 战胜莫斯科中央陆军，挺进决赛！

决赛开打之前，欧洲篮球联赛官方公布了 2017/2018 赛季重量级奖项，东契奇凭借该赛季的优异表现，成功将常规赛 MVP、最佳新秀两项大奖收入囊中。

2018 年 5 月 21 日，决赛在塞尔维亚首都贝尔格莱德展开，全世界超过 32 家电视台面向 175 个国家和地区转播了这场比赛。在万众瞩目的决赛舞台上，东契奇再接再厉，在 29 分钟内，他左突右投，全场砍下 15 分、3 个篮板、4 次助攻，率领皇马以 85 比 80 击败土耳其劲旅、赛事上届冠军费内巴切，夺得欧洲篮球联赛冠军。这也是皇马篮球俱乐部在 2015 年之后，再次夺得欧洲篮球联赛冠军。

东契奇更是凭借四强赛中惊艳四座的表现，最终当选四强赛 MVP，成为整个欧洲篮球联赛历史上最年轻的四强赛 MVP。

03 11

欧洲篮球荣耀大满贯

Luka Dončić

欧洲篮球联赛的硝烟刚刚散去，东契奇便马不停蹄地回归西班牙，随队征战西甲联赛。赛程一直在皇马和东契奇的掌控之内，最终，他们在2018年6月20日的西甲联赛决赛中，以96比85挫败对手巴斯克尼亚，从而以大比分3比1获得2017/2018赛季西甲联赛冠军。而东契奇也在这场比赛中贡献15分、3个篮板、4次助攻，成为球队夺冠的功臣。

彼时，19岁的东契奇在2017/2018赛季的西甲联赛中，每场出战36分钟，场均能够贡献22分、7.6个篮板、7次助攻，在西班牙篮球甲级联赛（世界第二大的篮球联赛，仅次于NBA）中，东契奇的效率值雄居首位。

2017/2018赛季的东契奇可谓志得意满，他率领皇马斩获了西甲联赛冠军和国王杯冠军，本人更是连续三年入选西甲联赛最佳年轻球员阵容（2015/2016赛季至2017/2018赛季），连续两年捧得西甲联赛最佳年轻球员奖（2016/2017赛季和2017/2018赛季）。

同时，在2017/2018赛季，东契奇更是将西甲联赛常规赛MVP、欧洲篮球联赛常规赛MVP以及四强赛MVP全部收入囊中，并且率领皇马夺得欧洲篮球联赛、西甲联赛两大冠军。

此外，东契奇更是当仁不让地入选了西甲联赛第一阵容、欧洲篮球联赛最佳阵容。

加上2017年他和德拉季奇联手取下的欧锦赛冠军，19岁的东契奇已经踏遍欧洲之巅，成为欧洲篮坛所向无敌的天王巨星。媒体对东契奇更是宠爱有加，为他取了一个漂亮的绰号——“奇迹小子”（Wonderboy）。

很显然，欧罗巴已经不再有适合东契奇恣意驰骋的赛场，他应该去征服更大的世界。大洋彼岸的美利坚有着更为广袤的天地，NBA作为世界最高的篮球圣殿，已经迫不及待地为他打开直通的大门。

EuroLeague CHAMPIONS
adidas
2018 EUROLEAGUE
TURKISH AIRLINES EuroLeague
FINAL FOUR MVP
TURKISH AIRLINES EuroLeague
FINAL FOUR
adidas

第四章
选秀之旅

卢卡·东契奇传

01

大洋彼岸的期待

Luka Dončić

东契奇的神奇表现牵动着 NBA 的敏锐神经，作为世界最高篮球殿堂，他们对紧随其后的欧洲篮球也兴趣浓厚。每当欧罗巴有新星冉冉升起，NBA 就会想尽一切办法将其罗致麾下，东契奇也不例外。

这位未满 20 岁的欧洲新王吸引了 NBA 的无数球探蜂拥而至，NBA 的诸位总经理也对“奇迹小子”充满期待，纷纷表示希望东契奇宣布登陆 NBA。

最初，东契奇对此并不十分关心，他满意在皇马的一切，喜爱这里的教练和队友。这座城市都让他感到无比舒适，毕竟 13 岁就从遥远的斯洛文尼亚来到这里生活，这里俨然已经成了他的第二故乡。

大洋彼岸的美国对他来说其实也不算陌生，在马德里的第三年，他就曾和母亲到洛杉矶度假，西海岸的霓虹璀璨让年轻的东契奇也为之向往。但不知道为什么，无论是好莱坞的星光大道，还是罗迪欧大道，都不曾让东契奇印象深刻。对东契奇而言，那里好则好矣，但似乎并不是他应该拥有的。

唯一让东契奇印象深刻的，是威尼斯海滩上出没的五花八门的限量版豪车。“洛杉矶真的让我觉得不可思议，我喜欢那里的汽车，尤其是威尼斯海滩，在那里我看到了很多《海岸护卫队》里的车。”

除去洛杉矶，东契奇可能最熟悉的就是纽约和迈阿密了，前者是因为他在休赛期曾看完了整整十季的《老友记》，而后者，则是因为他的欧锦赛导师德拉季奇在那里效力。欧锦赛之后，他们也一直保持着良好的关系，德拉季奇卖力地指点他如何打好比赛，并教导着他如何为进入 NBA 做好准备。

他们经常用斯洛文尼亚的家乡话聊天，当话题快结束的时候，德拉季奇总会聊聊迈阿密，并顺嘴说上一句：“我在迈阿密一直输球啊，小老弟，你什么时候准备过来呢？”也只有在德拉季奇这么说的时候，东

契奇才真正地想想自己到底要什么时候登陆 NBA，但也只是想想，更多的时候，他只是在社交媒体上随便看看 NBA 球迷的言论。当看到有些球迷呼吁主队摆烂，准备迎接他的时候，东契奇有点儿哭笑不得：“他们中的有些人说‘为了东契奇，让我们开始摆烂吧’，还有些其他类似的，我记不太清了，我看了之后多少有点儿无语。”

对于是在马德里继续效力，还是前往 NBA，在 NBA 选秀大会开始之前，或许东契奇心里也没有真正的答案：“你永远不知道将来会发生什么，我现在只专注当下。”但不管东契奇自己怎么想，媒体和球迷似乎已经为他的未来作出了决定：在 2018 年 NBA 的休赛期，各大选秀预测榜单中，东契奇都排在前两位。

当然，人们的期待是有坚实的基础的，因为东契奇在人们的眼里就是一位不世出的奇才，从来没有哪个 19 岁的年轻球员能拥有这么绚烂的职业生涯开端。不管是西甲还是欧冠，在如今已经日益激烈的欧洲联赛中，想要豪取两座冠军奖杯，并凭借个人优异表现拿下数座 MVP 奖杯的，东契奇可以说是古往今来第一人。

更让世界震惊的是，在欧锦赛上，他和德拉季奇双剑合璧，让羸弱的斯洛文尼亚队扬眉吐气，一路九战九胜，挫败西班牙队的长期统治，夺得了斯洛文尼亚篮球历史上第一个国际大赛冠军。

这些都无疑表露出，这个“奇迹小子”不简单。只有像 NBA 这样的世界顶级篮球舞台，才能让他尽情施展才华，才能让人们传颂他所写下的奇迹和壮举。

02 11

欧洲的“宝藏男孩”

Luka Dončić

当时有很多球探都痴迷于研究东契奇，毕竟一个身体天赋其实可以用“平庸”来形容的年轻球员，是如何做到卢比奥等人都未能实现的“欧陆大满贯”呢？

或者，在欧洲赛场上，东契奇一些单对单的精彩表现，才能够解释这个跨世纪难题。当他面对运动能力超强，但防守技巧有些粗糙的黑人球员时，他经常突破急停，利用双方反应差异的瞬间，生生腾挪出攻击篮筐的时间和空间，并完成投篮。而面对“牛皮糖”一样的防守球员，他的爆发力往往不足，这个时候，他更多地利用后撤步投篮、逼真的假动作寻求对方犯规的机会。

还有个至关重要的原因，就是东契奇鲜少有“科比式”的英雄球。一旦觉得进攻会遭遇对方阻截，或者对方没有被自己骗到，他会快速选择将球传出，然后耐心地寻找再次进攻的机会。

这是“东契奇式”的打球方式，不强攻、不硬来。在进入 NBA 之前，驰骋欧洲赛场的他多少显得有些“侵略性”不足，却在团队篮球至上的欧洲备受队友欢迎。另外，他也善于利用自己的身体优势，对位小个球员靠身体硬磨，对位大个球员则利用速度和灵活性寻找空间和机会，充分体现“有我高的没我快，比我快的没我壮”的“无赖篮球”精髓。

而这一切，或许就是因为早早地在篮球场上搏杀，让东契奇明白赢得比赛才是最终目的，好勇斗狠并不是可取之道。

很多球星就算到了真正退役的年纪，可能也无法理解篮球这项团队运动的真谛。不过出身欧洲，还有父亲那样的球员指导，小小年纪的东契奇便已经把篮球场上真正的“生存之道”摸索得一清二楚了。

毕竟，正规的篮球比赛可不是野球场的一对一，讲究非常复杂的战术配合。欧洲篮球更加重视一招一式的相互切合推进。东契奇天生聪慧过人又身经百战，他从实战中逐步丰富自己的武器库，能够完全应对各种局面，也能淋漓尽致地展现自己。

2017 年欧锦赛，东契奇在加索尔兄弟、波尔津吉斯这些成名已久的“大腕儿”面前，竟然也能做到游刃有余。在斯洛文尼亚队对阵西班牙队的比赛中，东契奇面对铜墙铁壁的防守，依然所向披靡，轻剑快马，来去自如。

作为一个出色的球队攻击手，东契奇从小便拥有良好的球场观感和不错的控制力，这成为他年纪轻轻就能在一众强者中游走取分的利器。

波尔津吉斯能够很好地防守挡拆，占位能力出色，下手抢断能力也非常不错，但东契奇还是能够骗过波尔津吉斯。他先减速，用身体顶住追防球员，然后停球，踱着小碎步欺进内线，用假动作测试波尔津吉斯没有起跳封盖的意图之后，才完成上篮——这种分寸感简直拿捏到了“妙到毫巅”的地步。

整个欧洲赛场的防守者都对东契奇头疼不已。他拥有精准的瞬间判断力，以及在球场上的分寸感。作为球队进攻发起者，他的这些特质让球队的进攻变得无法琢磨和判定，因为他的套路从来都不是一成不变的，更多的时候，他的选择会根据防守者的布阵而进行变化。

更可怕的是，他还具有超凡的球场视野。很多时候，当对手已布重兵对他严防死守，

他居然还能传出技惊四座的击地长传，把球匪夷所思地传给在球场另一侧已经防守空虚的队友手中。

东契奇就是这样一个少年老成的球员，他的打法老到、经验丰富，完全不符合他的年纪。更多时候，他习惯慢悠悠地游弋在球场上，但无论面对什么样的防守态势，他总能作出最佳的选择。唯一让人觉得有些疑虑的就是，欧洲球员大多都能少年早成，但未来的发展空间似乎远没有美国本土球员那么大。毕竟，作为身体条件不够优越的年轻人，似乎未来的"天花板"已经清晰可见了。

美国的球探们大多有这样的误区，他们都觉得打法成熟但身体条件不够优越的年轻人，远没有身体条件优越但打法粗糙的年轻人有更好的未来发展前景。

东契奇在欧洲赛场每回合的球权占有率并不低，另外他还有能力送出各种精彩的助攻，能够做到这些的，很多都是人们认知里的超级巨星了。

不过很明显，那个时候的东契奇还需提升很多东西，比如持球投射的能力、失误的控制，以及为了适应 NBA，还需要在对抗和力量上有更好的进步。除此之外，他可能还需要再多添几种进攻手段。只有这样，他才能在更为残酷的 NBA 有更好的未来。

达拉斯的“七七计划”

Luka Dončić

彼时，东契奇还不知道，大洋彼岸有一支球队早早就盯上了他，那就是当时还被叫作“达拉斯小牛”的“达拉斯独行侠”。

曾经的达拉斯在“诺天王”的巅峰时期一度辉煌，当诺维茨基英雄迟暮、即将告别 NBA 赛场之际，小牛队老板马克·库班虽然颇为不舍，但不得不将“寻找球队新领袖”这项决议提上日程。诺维茨基是从欧洲登陆 NBA 后取得成就最大的球员。于是，作为小牛队总经理的唐尼·尼尔森将目光投向欧洲，寻找能够接班“诺天王”的新型球员，东契奇便进入了尼尔森总经理的视线范围。

第一次见到东契奇时，他还没有完全成长为“欧陆天王”，只是皇马青年队的一员，虽然已经展现出远超同龄球员的能力，但未来依然未知。

不过独具慧眼的尼尔森却万分中意这个年轻小子，他认为东契奇前途无量，并很快定下计划，开始为迎接东契奇的到来做准备——清理合同空间，准备选秀权。达拉斯内部将尼尔森为获得东契奇所做的一系列准备称为“东契奇计划”，又称“七七计划”。

后来的一切，验证了尼尔森无与伦比的球探眼光。15 岁的东契奇成为西班牙篮球联赛最年轻的出场球员，再到后来叱咤风云的欧锦赛、西甲联赛、欧洲篮球联赛“大满贯”，欧洲篮坛似乎从未出现如此全能的超级巨星。

我们可以对比一下最近三代欧洲领军后卫在欧洲赛场上的表现。马里奥·海佐尼亚 19 岁时，在欧洲赛场上场均数据是“7+2”，他在 2015 年的 NBA 选秀中被魔术在第五顺位选中。卢比奥 19 岁时，在欧洲赛场上场均数据是“10+6”，在 2003 年之后最惨烈的 2009 年 NBA

MARJANOVIĆ
51
telemach
Adecco

选秀大会上以第五顺位被森林狼选中。而东契奇在欧洲赛场的数据则是：场均得到 16.1 分、4.8 个篮板以及 4.4 次助攻。

无疑，东契奇已经走到了名人堂级别的前辈前面。

在西班牙的岁月，东契奇已经成长为一名非常优秀的球员。他是一名嗅觉非常灵敏的突破手，更逐步进化着自己的投射能力。而且，步入成年的他，身材也愈发强壮，幼时经常与比自己年长的孩子同台竞技，让他异常懂得如何利用身材错位的优势。他懂得如何组织进攻，他很善于利用欺骗性的动作制造犯规，并通过优秀的罚球命中率为球队转化成得分（在超过 200 场比赛里，罚球命中率约在 80%）。更可怕的是，他的急停变向、假传真突以及飞快的出手速度，让他在任何防守强度之下，都能轻松地完成得分转化。

看起来唯一美中不足的是，他有些“平庸”的身体素质似乎制约了他的未来。毕竟，NBA 不是依靠团队作战的欧洲联赛，如果前往满布飞天遁地“野兽”的 NBA，他的“地板流”打法似乎就要被压制了。另外，他的柔韧性也似乎远远达不到 NBA 的平均水平，虽然他一直努力通过更多的训练，来弥补完善这些不足，但又似乎并不够。在天赋决定下限的 NBA 顶级篮球殿堂，东契奇的未来还无法判断。

不过这些因素并没有影响达拉斯想要得到他的决心，尼尔森认为，东契奇哪怕仅仅依靠他的身高和经验，也能在 NBA 立足。至少他一定是一个非常不错的团队型球员，他有大局观，能组织起整支球队的进攻，他的防守感觉和篮板嗅觉都很灵敏，可以承担小个阵容的四号位，同时也能根据球队的需要变换角色和位置。

“我觉得他最差也能成为另一个特克格鲁。”尼尔森如此判断。确实，在那时看来，如果小牛得到一个“特克格鲁”也非常不错，搭配上内线的德安德烈·乔丹以及外线的韦斯利·马修斯，似乎也有了一些 2008/2009 赛季“魔兽”德怀特·霍华德领衔的魔术的味道。

当然，这是独行侠和尼尔森的最差预期。对于一个 18 岁就能在欧锦赛这样的世界级舞台上击败里基·卢比奥和埃文·富尼耶，19 岁便和尼克·卡拉希斯、南多·德·科洛、阿列克谢·施韦德强硬对抗的青年才俊来说，未来肯定更让人无限期许。

也就是这样的期许，尼尔森和独行侠的“七七计划”义无反顾地执行着。

04 11

2018年选秀大会

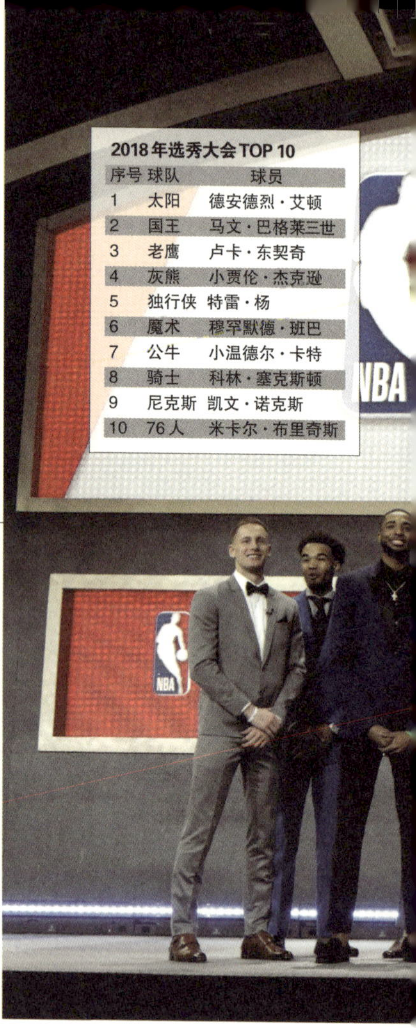

2018年选秀大会TOP 10

序号	球队	球员
1	太阳	德安德烈·艾顿
2	国王	马文·巴格莱三世
3	老鹰	卢卡·东契奇
4	灰熊	小贾伦·杰克逊
5	独行侠	特雷·杨
6	魔术	穆罕默德·班巴
7	公牛	小温德尔·卡特
8	骑士	科林·塞克斯顿
9	尼克斯	凯文·诺克斯
10	76人	米卡尔·布里奇斯

在2018年NBA选秀大会之前，也有很多人并不看好东契奇。从欧洲登陆NBA的球员大多都有“水土不服”的现象，很多人终其一生都未能适应NBA的比赛规则，也许他们能在大洋彼岸呼风唤雨，但是到了大洋的另一边，就马上变成了“局外人”。

像东契奇这种没有任何NCAA（美国大学篮球联赛）比赛经验的欧洲球员，能够马上在NBA获得立足之地的简直凤毛麟角。当然，也有不少成功在NBA立足的典范，从东欧国家第一位加入NBA的保加利亚球星乔里·格洛切科夫，到托尼·库科奇、德拉岑·彼得洛维奇、弗拉德·迪瓦茨等具有代表性的球员，欧洲篮球运动员的个人能力也早已被证明。

尤其是达拉斯的上一代领袖德克·诺维茨基，他的成功刺激了一大批国际球员远赴NBA，在世界顶尖的赛事中证明自己。加上近年来，加索尔兄弟、马努·吉诺比利、扬尼斯·阿德托昆博、鲁迪·戈贝尔、达里奥·沙里奇、尤素夫·努尔基奇、克林特·卡佩拉等众多外籍球员在NBA中大放异彩，也让东契奇更容易被美国人接受。

但如果用高顺位选择东契奇，看起来还是太过冒险了，更遑论为了得到东契奇而摆烂一个赛季呢？能做到这一切的，恐怕只有“篮球狂人”库班和他的达拉斯独行侠了。

关于东契奇，独行侠的数据分析师如是说：“我已经追踪他好几年了，我的模型表明，他是NBA之外第二优秀的篮球运动员（第一优秀的是来自巴哈马的德安德烈·艾顿）。如果在2018年选秀中的签位靠前，我会不惜一切代价得到他。”

在独行侠眼里，他们看到了东契奇的全部优点——对比赛的阅读能力和整体的影响力，超出同届其他球员很多的高水平比赛的适应能力。同时，作为一位侧翼球员，东契奇的持球能力、全面的技术都无比适合达拉斯。更难能可贵的是，东契奇还能掌控整个比赛的节奏，根据比赛的进展，调整状态适应变化，独行侠的主帅里克·卡莱尔无疑最

喜欢这一类型的球员——“万金油”、聪明、球商高，虽然身体天赋上略有不足，却也丝毫不畏惧任何对抗，甚至更加顽强、坚韧，永不言败。

当时唯一的阻碍就是，达拉斯人“拿下”东契奇的筹码只有手中的五号签。

2018年选秀大会开始之前，独行侠进行了分析对比。“状元”的大热门是德安德烈·艾顿，除此之外，也只有杜克大学的马文·巴格莱三世。模板参考凯文·杜兰特的小迈克尔·波特和穆罕默德·班巴可以和东契奇一争长短。这样，一旦排在前面的太阳、国王、老鹰等“一时冲动”选择了东契奇，独行侠就要与“心头挚爱”失之交臂了。

独行侠为了得到东契奇做足准备，他们放出风声，加重其他球队总经理对于这位欧洲天才球员的疑虑：东契奇才19岁，球风却过于成熟，加上看起来天赋平平的身体素质，未来还有多少潜力可挖？从欧洲来的很多超级巨星都没能在NBA打出名堂，东契奇怎么证明可以呢？前几位的选秀签太珍贵了，选择东契奇是有些冒险，他看起来已经没有多少成长空间，如果东契奇掉到10至20顺位，也许会选择他……

独行侠的心理战非常成功，在一波波关于东契奇的讨论中，独行侠似乎凭着手中的五号签也能轻松摘下东契奇。但达拉斯人还是担心出现变数，于是他们做了第二手准备——他们在休赛期和亚特兰大达成了交易，用手里的五号签加上未来的首轮签，换来亚特兰大的三号签，前提是亚特兰大必须用三号签将东契奇拿下。

亚特兰大痛快地答应了这笔交易，在亚特兰大看来，与其在这届相对比较“水”的新秀中期待选到合适的球员，还不如从长计议，在未来重新选择自己的建队基石。

库班轻松抓住了亚特兰大的心理，终于觉得可以稳妥地获得东契奇了。

2018 年 6 月 23 日，NBA 选秀大会在纽约拉开了帷幕。

果然，一切都在库班的计划之内，手握“状元签”的菲尼克斯太阳选择了德安德烈·艾顿，而紧随其后的萨克拉门托国王也没有选择东契奇，而是选择了马文·巴格莱三世。

亚特兰大老鹰按照约定在“探花”的位置上拿下了东契奇，随后两支球队宣布了交易——达拉斯按照亚特兰大的想法选择了特雷·杨，并将首轮选秀签和特雷·杨交换给亚特兰大。他们终于得偿所愿，将东契奇招入麾下！

其实在 2018 年选秀大会开始前，老鹰想要的新秀就是特雷·杨，而独行侠也对东契奇情有独钟。从球队拿到的选秀权来看，手握三号签的老鹰拿到特雷·杨问题不大，可是东契奇不一定是独行侠的。因为拥有四号签的灰熊也想要补强锋线，他们很可能在独行侠前“截和”，抢先一步摘走东契奇。

最终，独行侠与老鹰各取所需，皆大欢喜。东契奇与特雷·杨互换东家，也让这对 2018 年版的“绝代双骄”，有了以后成为“一世之敌”的特殊伏笔。

AT&T
DONČIĆ
77

5miles
DALLAS
77

第五章
出道即巅峰

卢卡·东契奇传

01

来自欧洲的“盛世美颜”

Luka Dončić

东契奇被独行侠招致帐下一事引发了不小的轰动，尤其是在女篮球迷当中。东契奇在进入人们视线伊始，就是最能引发话题的那个，毕竟他拥有一张堪比贝克汉姆的英俊面容，仅凭颜值就吸引到不少女性粉丝，何况东契奇还有比颜值更耀眼的才华。在当时关于2018年新秀的一项另类调查统计中，东契奇的女粉丝数远远超过“状元”德安德烈·艾顿1400多倍。

当然这和东契奇在欧洲大陆所向披靡的战绩也是息息相关的，毕竟他是西甲联赛中最棒的球员，更是欧锦赛、欧洲篮球联赛、西甲联赛的“三冠王+MVP”，这一系列的荣誉和“硬核”资质足以说明很多问题。

老板库班的“欧洲情怀”和总经理尼尔森的别具慧眼，很快在之后的赛季得以体现。

东契奇在当时看来还只是球队的拼图之一：他那全能的技术风格，可以适应NBA的任何一支球队，但卡莱尔执教下的独行侠却是最适合东契奇的。

东契奇身高2.01米，可以在独行侠的进攻体系中扮演高个进攻组织者，类似希度·特克格鲁那样的角色，这会充分发挥他出色的视野和丰富的挡拆战术经验，给达拉斯人的进攻提供更丰富的战术选择。

当然，东契奇也可以在卡莱尔教练的战术体系当中扮演“锋位进攻终结者”。他拥有终结比赛的非凡能力，能够在关键的时机完成“致命一击”。

彼时，达拉斯独行侠上下都期待着东契奇和小丹尼斯·史密斯的外线组合。这样的组合应该是卡莱尔教练最擅长的“双人组合”模板配置——曾经的“双贾森组合”（特里和基德）、蒙塔·埃利斯和何塞·卡尔德隆、德隆·威廉姆斯和钱德勒·帕森斯都曾经是这样的套路，并迸发出不错的化学反应。

东契奇登陆达拉斯，看起来“繁花似锦”，背后也潜藏着不少隐患。

一是东契奇自身的问题。他的爆发力明显在飞天遁地的NBA中显得苍白无力，且又司职小前锋，这就让他面对挡拆时没有足够的错位优势，很难依靠

自身的爆发力改变战局，很快便会达到进攻上限。

东契奇喜欢用的后撤步三分，准头还有待提升，毕竟在国际篮球赛场上的 31.6% 命中率，换到防守强度提升的 NBA，恐怕连 30% 的及格线都达不到。

二是 NBA 作为美国最高级别的职业篮球联赛，有着特殊的“排外基因”。这种排外是美国人骨子里的优越感造成的，很难在一朝一夕因为某个人而发生改变。

2015 年选秀大会，尼克斯用首轮第四顺位摘下拉脱维亚人波尔津吉斯时，就遭到纽约球迷的疯狂嘘声。克罗地亚人内文·斯帕西亚 2014 年开始在老鹰担任助教，但一直没有融入球队，混迹三年后离开美国。

即便是“欧洲天王”萨鲁纳斯·贾斯科维休斯，也不免在 NBA 沦为步行者的替补球员，于是他决定重返欧洲，再次率队夺得数个冠军。

并不是每一个球员都能像“字母哥”阿德托昆博那样，在密尔沃基这样的小球队耐心地培养下，慢慢成长为一飞冲天的超级巨星。

总之，欧洲球员需要比美国球员更加努力，来证明自己真的那么强。

当然，姚明、诺维茨基、加索尔兄弟等外籍球星在 NBA 里一样呼风唤雨，可是他们付出了艰辛的努力。且不说适应各种环境，比如学习英语，适应美国文化、饮食，远离家乡，举目无亲等，单就美国球员的“热情招待”，就够人喝上一壶。记得姚明刚刚登陆 NBA，每场比赛都会被对方球员用尽全力“招呼”，甚至不惜恶意犯规，之后还会被恶狠狠地扔下一句“Welcome to the NBA”（欢迎来到 NBA）……

东契奇如何应对未知的将来？在 NBA，未来的他是像诺维茨基或吉诺比利那样大放异彩，还是成为下一个欧米·卡斯比（2017/2018 赛季中期，30 岁的他被勇士裁掉，还没来得及打季后赛），这似乎已经成了东契奇征服欧洲之后，必须要面对的重大课题。

02 77

身披77号球衣的新秀

Luka Dončić

东契奇选择了77号作为自己在独行侠的球衣号码，很多中国球迷觉得是因为“契奇”的谐音就是77。其实东契奇并不懂中文，他选择77号另有原因。

之所以用77号，是因为东契奇从小看着“欧洲科比”瓦斯里斯·斯潘诺里斯打球长大，而斯潘诺里斯的球衣号码就是7号，所以东契奇就喜欢上了“7”这个数字。

在欧洲联赛征战的时候，东契奇也基本上都是穿着7号球衣的。但是到了独行侠后，7号球衣已经被德怀特·鲍威尔穿了，出于对“7”的热爱，东契奇就选择身披77号球衣来征战NBA。

身背77号的新秀开始了自己的新征程。2018年10月18日，独行侠作客菲尼克斯挑战太阳，东契奇迎来自己的NBA首秀。此役他出战32分钟，拿下10分、8个篮板、4次助攻的全面数据，虽然16次出手只进5球，而且球队未能取得胜利，但作为新秀的首场比赛，东契奇的表现还算跨过了及格线。

10月21日，独行侠远赴明尼苏达挑战森林狼，东契奇第二次披挂上阵。仅仅三天之后，他似乎就找到了在NBA比赛的感觉，上场36分钟，他再次出手16次，命中了8球，全场得到26分、6个篮板、3次助攻，帮助独行侠以140比136力克森林狼，赢得赛季首胜。这一场，东契奇的“小爆发”让“风城玫瑰”德里克·罗斯的28分化为泡影。

10月30日，独行侠作客圣安东尼奥对阵马刺，此时的东契奇已渐渐融入达拉斯的战术体系，在球场上更加自如。他全场 18 投 11 中，三分球 6 投 4 中，最终交出 31 分、8 个篮板、4 次助攻的全能数据单。虽然独行侠在经历加时苦战后，依然以 108 比 113 不敌对手，但东契奇已在“后诺维茨基时代”，逐渐打起达拉斯崛起的大旗。

11 月 7 日，独行侠在达拉斯美航中心球馆迎战远道而来的奇才。主场作战，东契奇轻松砍下 23 分，最终助力球队以 119 比 100 战胜奇才。此战过后，东契奇在自己的 NBA 前 10 场比赛中，累计获得 198 分、65 个篮板、44 次助攻，这也让他成为继奥斯卡·罗伯特森后，首位在 NBA 前 10 场比赛中得到如此全能数据的球员。

某种意义上，东契奇在 NBA 一开始就顺风顺水，起点不低，他已经开始和 NBA 历史名宿们肩并肩坐在了一起。鉴于他的出色表现，NBA 官方也表达了对他的认可。在当年 11 月最佳新秀的评选中，东契奇脱颖而出，收获了自己在 NBA 生涯的第一个荣誉奖项——2018 年 11 月西部最佳新秀。

整个 11 月，年仅 19 岁的东契奇场均得到 18.5 分、6.5 个篮板、4.3 次助攻，帮助独行侠打出主场 8 胜 2 负的最佳战绩（近 5 年）。年纪轻轻的东契奇却有着沉稳、练达的大将之风，他在 NBA 的前 20 场比赛中，真实命中率高达 56.5%。在控球节奏和推进方式的选择上，东契奇在同届新秀中高出一筹，这位欧洲篮球联赛 MVP 在 NBA 中渐渐露出王者之相。

此外，联盟中很久没有看到像他这样的花样美男，以前即使是卢比奥也蓄须满面，做“大叔状”。东契奇拥有堪比贝克汉姆般的俊美外表，更为关键的是他球风华丽。只要没有伤病等意外，相信东契奇可以成为偶像与实力兼具的超级巨星。

03 11

扶正核心

Luka Dončić

最佳新秀的奖项激发着东契奇的斗志，在接下来的比赛中，这位年轻帅小伙更加势不可当，一路朝着成为超级巨星的道路大步前进。

2018 年 12 月 9 日，独行侠迎战休斯敦的球队，东契奇贡献 21 分、7 个篮板、1 次助攻、3 次抢断，并在最关键的时刻，连续砍下 11 分，率队逆转，以 107 比 104 取得最后的胜利。

独自完成 11 比 0 逆转翻盘的壮举，让东契奇一举成为达拉斯球迷的心头之爱。整个 NBA 能够完成如此壮举的球员寥寥，而且无疑都是排在联盟前 10 的超级巨星。能和这些巨星比肩，对于一位刚刚进入 NBA 的欧洲新生代球员而言，只能用“神奇”来形容。

就算是再“排外”的 NBA 专业人士也不得不承认，这个来自欧洲的青年才俊实在让人无可挑剔。其实，东契奇的表现都是非常“正常”的，他此前经历的篮球岁月，要比同届其他新秀，甚至 NBA 历史上大多数新秀都要精彩。

在进入联盟之后的十几场比赛里，东契奇就遭遇了比其他新秀更多的“针对性防守”。在欧洲赛场的呼风唤雨，让他在联盟里受到了“重点招待”，这里的球员们会憋着劲儿告诉他：这是 NBA，这里远比他之前参加的联赛要残酷、可怕得多。

但东契奇显然已经做好心理准备。在季前赛到常规赛初期的这些比赛里，他完美地扮演了卡莱尔主教练希望他扮演的角色——从二号位到三号位，甚至一号位都尝试过，他几乎在任何位置上都能贡献精彩纷呈的表现。

这就是东契奇的本色。他从小就和篮球相伴，在成长过程中，他尝试了篮球场上的所有位置，因此，他很快就能适应各种教练的各种安排，这也让他很快成为独行侠阵中不可或缺的“全能战士”。

正是因为东契奇在任何位置都能贡献精彩表现，独行侠全队和球迷们迅速坚定了信心。达拉斯管理层很快作出决定——他们将扶正东契奇，让他成为独行侠的核心。

5miles
77

第六章
独行侠新核

卢卡·东契奇传

01 | 11

屡创新纪录

Luka Dončić

卡莱尔教练逐步调整东契奇的战术地位，也开始尝试全新的战术。在 2018 年 12 月 11 日独行侠对阵魔术的那场比赛中，东契奇开始成为球队新核心。

此役，东契奇得到 7 分、11 个篮板、9 次助攻，虽然得分有所下降，但人们更多地看到了东契奇开始成为整支球队的中枢，独行侠开始越来越倚重东契奇的进攻梳理，他也拿到创职业生涯新高的篮板和助攻。卡莱尔教练的“新核计划”也收到回报，独行侠最终以 101 比 76 战胜魔术，一切看起来都是那么轻松。

2018 年 12 月 19 日，东契奇在对阵丹佛掘金的比赛中，再度刷新助攻新高——全场送出 12 次助攻。截至那时，他在 NBA 生涯的前 28 场比赛中更是贡献了 514 分、187 个篮板和 137 次助攻，根据专业篮球数据网站“Basketball Reference”（篮球参考）的统计，东契奇成为自 1983 年以来，第二位在 NBA 生涯前 28 场比赛得到至少 500 分、150 个篮板、100 次助攻数据的球员，而上一位能够实现这样超级数据的是勒布朗·詹姆斯。

12 月 21 日，虽然独行侠最终以 121 比 125 憾负快船，但东契奇的表现实在耀眼。整场比赛，他左突右投，频频亮出后撤步三分——自己的这一撒手锏，全场 20 投 10 中，狂揽 32 分、4 个篮板、5 次助攻、4 次抢断，其中 32 分也再次刷新他的 NBA 单场得分新高。他也因此成为自 2003 年“天之骄子”勒布朗·詹姆斯之后，首位在单场比赛里拿下这一数据的青少年球员（13—19 岁）。

12 月 29 日，独行侠做客新奥尔良对阵鹈鹕，东契奇再度将自己的得分纪录提升至 34 分。此役，他出战 34 分钟便拿下 34 分，而且命中了 7 记三分球。19 岁零 303 天的东契奇超越德安吉洛·拉塞尔成为最年轻的单场命中 7 记三分球的球员。拉塞尔曾在 2016 年 3 月 1 日代表湖人对阵篮网时，命中 8 记三分球，当时的年龄为 20 岁零 7 天。不过有些遗憾的是，东契奇漂亮的答卷没能让达拉斯收获胜利，球队最终以 112 比 114 憾负鹈鹕。

东契奇在整个 12 月场均贡献 21.1 分、6.4 个篮板、6.1 次助攻，其惊艳表现再次震动 NBA，联盟非常看好这位冉冉升起的“未来之星”。2019 年 1 月 4 日，联盟公布的最佳新秀榜单上，东契奇再度名列西部榜首，并成为 2018 年 12 月西部最佳新秀。

连续两个月都获得最佳新秀殊荣，让东契奇信心满满，满怀希望地迎接新征程……

02 11

渐入佳境

2019 年 1 月 12 日，独行侠做客明尼苏达对阵由卡尔－安东尼·唐斯和安德鲁·威金斯领衔的森林狼。东契奇面对“状元组合”不甘示弱，他出战 35 分钟，23 投 10 中，得到 29 分、8 个篮板、12 次助攻、2 次抢断。其中，12 次助攻也追平了东契奇个人 NBA 常规赛生涯的单场助攻数纪录。

不仅如此，东契奇再度成为球队完成逆转的首功之臣。在比赛最后时刻，他挺身而出，连续砍下 7 分，其中还投中了至关重要的一记反超三分球，最终帮助球队在冰天雪地的明尼苏达以 119 比 115 赢得一场胜利。而这次精彩的演出，也让他成为自文斯·卡特之后，首位在常规比赛时间最后 2 分钟内，反超球连续 3 投 3 中的新秀球员。

接下来的 1 月 14 日，东契奇又迎来了自己的里程碑。他在独行侠对阵金州勇士的战役中，上场 32 分钟，18 投 8 中，三分球 10 投 5 中，再度攻下 26 分、6 个篮板、5 次助攻、1 次抢断。这是他连续第四场比赛获得 25 分以上的分数，他也成为 2000 年之后第三位完成如此成绩的新秀，前两位是卡梅隆·安东尼和斯蒂芬·库里。

此外，加上这场比赛东契奇投入的 5 记三分球，他已经在新秀赛季命中 103 记三分球，且仅仅用了 42 场比赛，成为历史上投进 100 记三分球所用场次第二少的球员。

跨过里程碑，东契奇的未来无疑更加精彩，所有人都在期待他的惊艳表现。

2019 年 1 月 22 日，独行侠转战东部密尔沃基，迎战“字母哥”带队的雄鹿。在这场比赛中，东契奇再度展现出全能的身手，他出战 33 分钟，17 投 6 中，砍下 18 分、11 个篮板、10 次助攻的“三双”数据。这是东契奇 NBA 生涯的第一次“三双”，他也以此成为 NBA 历史上第二年轻的“三双先生”（19 岁零 327 天），仅次于昔日荣光无限

的“状元”球员马克尔·富尔茨（19 岁零 317 天）。

1 月 28 日，达拉斯迎战多伦多猛龙，虽然球队最终以 120 比 123 败下阵来，但东契奇却越发无可阻挡。他在 36 分钟的上场时间里，展现了自己花样繁多的进攻手段、运筹帷幄的组织能力，甚至无与伦比的抢板能力。

最终，东契奇再度拿下 35 分、12 个篮板、10 次助攻的大号“三双”，创下自己个人得分新高的同时，成为 NBA 历史上首位在不满 20 岁时就拿下两次“三双”的球员，也成为历史上首位 20 岁以下至少砍下 30 分并完成“三双”壮举的球员。

03 11

润物细无声

Luka Dončić

2019 年 2 月 2 日，NBA 官方月度最佳新秀的评选中，东契奇再次成为 2019 年 1 月西部最佳新秀，连续 3 个月斩获殊荣。整个 1 月，在获得两次“三双”的同时，他已经能够场均为球队贡献 22.4 分、8.1 个篮板、6.4 次助攻的超级数据了，俨然成为达拉斯最耀眼的那位球员。

2 月 3 日，独行侠在客场以 111 比 98 战胜克利夫兰骑士，东契奇再度砍下追平个人得分纪录的 35 分。在 35 分钟的上场时间里，他 25 投 13 中，三分球 11 投 4 中，得到 35 分、11 个篮板、6 次助攻、1 次抢断。而在比赛的上半场，他就已经拿下了 28 分、5 个篮板、5 次助攻、1 次抢断，也追平近 15 个赛季以来，新秀上半场最高得分纪录。值得一提的是，之前这个纪录的保持者是前“状元”布雷克·格里芬。

2 月 11 日，独行侠主场迎战波特兰开拓者，东契奇再度上演精彩演出。他独得 28 分、9 个篮板、6 次助攻，最终面对波特兰“后场双枪”，帮助球队以 102 比 101 完成险胜。而他这场的数据，也是他整个 2018/2019 赛季第 9 次单场至少拿下 25 分、5 个篮板、5 次助攻。据 NBA 官方统计，自 1984/1985 赛季，独行侠整个球队所有的球员，在新秀赛季总共也只有 8 次单场得到至少 25 分、5 个篮板、5 次助攻。

东契奇俨然已经成为独行侠的旗帜性人物。

待到全明星周末开始之前，东契奇已经成为历史上首位在全明星周末之前砍下 1100 分的 19 岁以下球员！

那个时候的东契奇似乎已经完全融入了 NBA 和达拉斯的世界当中。他的技术风格十分多元化，如果说卡梅隆·安东尼是一个超级得分手、“进攻万花筒”，那么东契奇就是一个“篮球万花筒”。随着篮球理念和篮球规则的发展，现代篮球赋予东契奇的空间似乎也更加宽广。

而且，相比 NBA 造星运动出产的本土数据化、标签化明星，东契奇明显与之不同，他更像是此前那个时代的球星，更多的是追求享受篮球的过程。

赛季初，他被安排在得分后卫的位置，他在防守、得分、攻守转换方面似乎样样精通。

42 KLEBER
13 BRUNSON
77 DONCIC
TEAM TOTALS
Huntington
MAXIMILIAN KLEB
CHARGED TO DAV
ROCKET Mortgage
77
Cleveland
12

更难能可贵的是，他似乎并没有着急向球队和球迷展现他有多少天赋，仅仅是根据教练的要求执行战术。最初，他只是简单地在外线投篮，抑或趁着对手防守松动，悄悄溜进内线玩儿个上篮，不声不响地完成得分任务，既不给小丹尼斯·史密斯添乱，也不和任何人争夺球权和空间。在这点上，东契奇比所有球员都聪明。

他总能闲庭信步般地贡献惊人的力量，不强打，没机会就分球。所以有时候，看独行侠的比赛有一种这样的感觉，他好像什么都没干，但比赛一结束，你才发现："哇！这家伙什么时候得了这么多分？还有这么多篮板和助攻？他竟然还顺手完成了 2 次封盖和 2 次抢断。"

或者这就是东契奇式的比赛——真正的"润物细无声"。

待到 2018/2019 赛季中期，球队越来越倚重他，并让他调度全场进攻。他依旧是那个脾气，看似慢慢悠悠，却总在最合适的时机完成见血封喉的一击。

另外，东契奇的防守能力还需要提升。那个赛季，他在防守端显得有些笨重，不知不觉就换防对位对方内线的 4 号位和 5 号位球员，但这也是没办法的事情，可能脚步轻灵的外线球员，他真的搞不定。不过，这样的战术布置，也让他的防守效率没那么“磕碜”，最起码他和团队之间的防守协调还是不错的。

在 2019 年夏洛特全明星周末到来之前，东契奇已经成了达拉斯的“全能领袖”。他会跑位，长于无球走位，能外切，也能转向内切，还非常聪明地知道如何借助队友掩护完成“偷分”。同时，他还善于掩护队友，篮板、抢断和封盖的能力也都不俗。更重要的是，他的运转球能力超强，是执行团队作战的最佳人选。

此外，他的小技术也很丰富，无论是绕着掩护的小碎步，还是手上轻巧灵动的传接能力都是顶级的。加上他的手感异常细腻且有节奏感，这让他在对抗中保持着对球的控制，并对完成最终的投篮非常有利。值得一提的是，他的身体协调性和对抗性更是高人一等，即便他没有“飞天遁地”的属性，也保障了他能在“野兽”出没的 NBA 完成他自己的得分动作。

不过，最令对手敬畏的，还是他那宽广的球场视野和非凡创造力，这才是他在 2019 年夏洛特全明星赛前后就得到大众认可的根源。

JUST DO IT.
ALL-STAR 2018
CHARLOTTE
SPALDING

第七章
阴晴冷暖

卢卡·东契奇传

01 77

快乐大男孩

Luka Dončić

2018/2019 赛季，虽然东契奇还是一名新人，但球风成熟稳健还有点儿“油滑”的他，简直让人觉得他就是一位混迹联盟多年的“老球痞”。可他毕竟还是一位天真烂漫的少年，有时偶尔也会露出一些孩子气。

2019 年 2 月 16 日，全明星赛在夏洛特举行，东契奇迎来自己职业生涯的首个全明星新秀赛。此届新秀赛上演世界队对抗美国队的戏码，场上阵容可谓人才济济。世界队由东契奇、艾顿、本·西蒙斯、博格丹·博格达诺维奇等一干世界名将领衔，而美国队由凯尔·库兹马、多诺万·米切尔、杰森·塔图姆、特雷·杨等美国才俊挂帅。

首次参赛，东契奇对于一切充满好奇，他凑到同队中锋艾顿身边，一本正经地说道：“来，让我跳个球。”看到他真诚的样子，艾顿顺势将跳球的位置准备让给东契奇。这个时候，东契奇灵机一动，主动找到对方阵中最矮的球员——达龙·福克斯（东契奇身高 2.01 米，而福克斯只有 1.91 米），他假装无视身高差，大方地邀约：“来来来，我要和福克斯一争高下！”

不仅在跳球的时候，比赛当中，东契奇更是搞怪不断。新秀赛打到半程时，东契奇带球组织反击，他迈着“蹒跚”

的脚步，嘴里还叨咕着：“嘿！兄弟们，快来看看我，我是福克斯！（福克斯说自己是当下联盟中速度最快的球员）”东契奇的“龟速”移动，逗得大家哄堂大笑……

接下来，当对方球队的新秀马文·巴格莱三世接到队友传球，完成一记漂亮的原地大风车扣篮时，全场气氛瞬间被点燃，呼喊声让坐在一旁观战的诺维茨基和东契奇面面相觑。“我年轻的时候也经常这样扣篮呢！”东契奇此话一出，逗得诺维茨基乐得前仰后合。“你年轻的时候？那是什么时候？去年吗？”“老天王”看着稚气未脱的东契奇打趣道。

最终，美国队以161比144击败世界队，豪取35分的库兹马夺得新秀MVP，而东契奇也交出13分、9次助攻的新秀赛首秀成绩单，其表现可圈可点。

刚刚参加完新秀挑战赛，东契奇就马不停蹄地参加了第二天举行的技巧大赛。

即便是一对一的单挑，东契奇依然“玩心”未泯。预赛第一轮，东契奇就用中场线出手三分这一招成功打乱库兹马的节奏，最终抢先将球投进，从而淘汰对手，也算报了前一日新秀赛被库兹马夺走MVP之仇。

可惜在第二轮，东契奇在面对同届翘楚特雷·杨的挑战时，在最后投三分环节落败，最终无缘决赛。决赛中，塔图姆似乎受到东契奇的启发，也使用了中场三分投篮，并一击命中，击败特雷·杨，夺取技巧挑战赛冠军。

不只是全明星赛，整个新秀赛季，东契奇的趣事还不少。在加盟NBA之前，东契奇就不止一次表示，他的偶像除了斯潘诺里斯还有詹姆斯。所以，当达拉斯在2018年11月1日对阵湖人的比赛结束之后，东契奇马上跑到湖人的更衣室门外等候，并通过工作人员表达了自己想要得到詹姆斯球衣的愿望。

作为对手去讨要对方球员球衣的事情，在NBA里并不多见。不久之后，工作人员带着詹姆斯亲笔写着“Strive for Greatness”（自强不息）的球衣交给了东契奇，东契奇当时开心得像个孩子。

0.0
TISSOT
MAVERICKS
77

American Airlines

American Airlines
0.0
LAKERS

02 77

库班是位好老板

Luka Dončić

达拉斯的管理层都很喜欢东契奇——这个天真烂漫的大男孩，尤其是老板库班，对于这个欧洲来的“小天王”，丝毫不吝惜自己的溢美之词。

“疯狂老板”库班也是整个NBA中最有人情味的老板。他和“诺天王”惺惺相惜，彼此携手创立过辉煌岁月，写下一段老板与球员的佳话。在诺维茨基于达拉斯主场退役时，61岁的库班说的那席话，相信感动过无数人。

我承诺，你这辈子都会在这里有工作！

我承诺，我一定会让你的球衣在美航中心球馆上空飘扬！

我承诺，我将在达拉斯为你树起有史以来最大最酷的雕像！

我承诺，我会把你教会我们的事情传承下去！

也许，其他球队的老板更在乎球队收益，这无可厚非，毕竟这是商业联盟。但库班独树一帜的态度，却更让人倾心，他爱才、惜才，尊重每一位为球队奉献的球员。在这个成王败寇的时代，这种态度更显得难能可贵。

库班为独行侠修建了 NBA 中最好的球馆——美航中心球馆，为队员定制了飞机，配备了心理医生，他也是整个联盟唯一一个全程跟随球队出征客场的球队老板。

已经年过花甲的库班最喜欢东契奇的，是这位帅气小子专注的篮球态度和惊艳的球场表现。步入暮年的库班终于又重温了当年激情燃烧的岁月，那个陪着长发飘逸的“德国战车”一起驰骋沙场的岁月。

有时候，库班甚至会跑到训练场上去“挑衅”东契奇。他扬言可以在单挑中打败东契奇，当然，相信任何一位有情商的下属都会给老板这个面子。

库班还在东契奇投丢了球后，宣称要把他下放到发展联盟，当然，这只是一个玩笑。

不管怎样，库班对东契奇的宠爱几乎无以复加。可是，这样的行为也引起了独行侠其他球员的一些不满，随着交易截止日的临近，球队内部的一些矛盾也慢慢浮出水面。

03 77

用交易解决矛盾

Luka Dončić

2019年2月1日，独行侠与尼克斯完成一笔震动联盟的大交易。这次交易涉及7名球员，双方都把自己一半的首发阵容摆上谈判桌，甚至都牵扯到曾经的“非卖品球员”。尼克斯将波尔津吉斯、小蒂姆·哈达威、康特尼·李、特雷·伯克交易到独行侠，换来小丹尼斯·史密斯、德安德烈·乔丹、韦斯利·马修斯和一个未来首轮签。

对尼克斯来说，此次交易似乎意味着一个新时代的开启，虽然波尔津吉斯一度曾被纽约人寄予厚望，但其“玻璃属性”的体质，让球队丧失了耐心。

这次交易对独行侠的意味也很多。独行侠将生龙活虎的小乔丹送往尼克斯，换来整个赛季报销的波尔津吉斯（因左膝前交叉韧带撕裂缺席该赛季）。达拉斯人似乎已经开始着眼未来，同时也正式确立了以东契奇为核心的重建思路。

另外，独行侠当时并不顺遂的战绩和更衣室内的一些负面因素，也是促使独行侠管理层痛下决心进行交易的原因。

这次交易也是库班的一次豪赌。坦白说，达拉斯在这次交易中付出了极大的代价，无论是曾经被认定为建队核心的小丹尼斯·史密斯，还是曾经在休赛期几经努力才得到的小乔丹，都是不可多得的“基石型”球员。但为了东契奇，库班还是“一意孤行”地将这些人统统“清仓”了。

交易截止日后，独行侠裁掉了突尼斯国手萨拉赫·梅杰里。2018/2019赛季，梅杰里在场均12分钟的上场时间里，只能为独行侠贡献3.3分、3.9个篮板和1.2次封盖。

但裁掉梅杰里这样一名边缘球员后，东契奇却第一时间在媒体面前发声：“我刚来美国的那段时间，面临很多困难，是他一直陪伴着我，帮助我适应这里的节奏。”不仅如此，东契奇更是夸张地表示：“没有他，可能就不会有如今的我。”

在东契奇刚进入联盟的时候，也许梅杰里确实帮助了他许多。两人同为国际球员，在 NBA 会有更多的共同语言。东契奇如此表达对他的感情，也没什么不妥。但蹊跷的是，小乔丹、马修斯等人离队后，东契奇却一言不发，反倒在面对媒体提问时，更多地表达了对波尔津吉斯的欢迎，甚至不吝赞美。

东契奇作为一个非美国本土的球星，刚刚进入联盟就获得了独行侠管理层的万千宠爱，尤其是库班，对他的喜爱之情更是溢于言表。这样的情形似乎引起独行侠某些球员的不满，特别是当年被承诺作为建队核心的小乔丹。

2018 年 11 月 5 日对阵尼克斯，在第三节的一次尼克斯的进攻中，小哈达威三分出手未中。作为禁区之内唯一一人，东契奇本想轻松收下篮板，可队友小乔丹突然从他身后杀至，突袭将篮板摘下，顺便还对东契奇来了一个推搡动作。小乔丹抢下东契奇的篮板之后，还直接把球传给了其他队友，全程都没正眼看过东契奇。

看到这一幕，独行侠的替补席上也一片哗然，而老板库班更是被气得“险些吐血”……他显然没有料到，之前球队费尽心血签约的小乔丹竟然如此行事。

这并不是小乔丹唯一一次和东契奇产生矛盾，早在东契奇刚刚加入联盟时，小乔丹

似乎就对他充满成见。在两个人同时在场的比赛中，“怪现象”总是层出不穷，比如小乔丹发底线球从来不会发给东契奇，东契奇每次给他传球，他都视而不见。

有些时候，小乔丹还会做出一些更让人无法理解的事情。比如：在挡拆的时候，他故意提前撤走，或者故意引导东契奇进入对方包围圈；摘下防守篮板之后，没有其他人接应，他宁愿自己带球也不传给东契奇。

2018/2019 赛季的小乔丹只能用“莫名其妙”来形容。光看数据，他场均可以贡献 12.7 分、14.2 个篮板、1.4 个盖帽，表现尚可。但在实际比赛中，无论是挡拆顺下还是前场抢篮板，抑或是协防和轮转，他都显得有些意兴阑珊。

小乔丹是一个非常情绪化的球员，有时候就像一位失宠的孩子一样任性。他其实与东契奇并没有什么深刻的矛盾，只是一时意气所致。随着时光流转，来到纽约后的小乔丹还有些想念与东契奇共事的日子，而东契奇也似乎早已冰释前嫌。

小乔丹在尼克斯过得并不如意，2019 年 7 月，他又被交易到篮网。

2020 年 1 月 3 日，篮网做客达拉斯对阵独行侠。比赛结束后，东契奇和小乔丹寒暄叙旧，并交换了球衣，俨然是一副老友重逢的模样。

04 11

独自带队的日子

Luka Dončić

交易之后，世界终于清静了。东契奇逐步把精力重新放在他挚爱的篮球运动上。

在小乔丹等人离开的 2 月，东契奇独自挑起独行侠的大梁。8 场比赛，他场均贡献 24.4 分、9.4 个篮板和 7.4 次助攻——俨然是一组顶级球员的数据，并显露出超级巨星的特质。不仅如此，这 8 场比赛里，东契奇有 6 场得到 20 分以上，1 场得到 35 分，同时还送出 6 次“两双”和 2 次“三双”。

2019 年 3 月 2 日，东契奇荣膺 2019 年 2 月西部最佳新秀，连续 4 个月成为西部最佳新秀，成为独行侠队史上第一位至少 4 次获得月度最佳新秀的球员。

3 月 11 日，独行侠再次对阵休斯敦的球队，东契奇得到 19 分、15 个篮板、9 次助攻、2 次抢断、2 个盖帽的全面数据，15 个篮板创个人职业生涯新高。不过遗憾的是，球队以 93 比 94 输给对手。一个球星的成长，经历这些是无可避免的。

3 月 19 日，东契奇继续独自带队，拿下 29 分、13 个篮板、10 次助攻的大号“三双”，但孤立无援的他无法率队取胜，独行侠以 125 比 129 输给鹈鹕。

3 月 22 日，面对国王，东契奇拿下 13 分和 10 个篮板，该赛季第 20 场斩获“两双”，超越了贾森·基德，刷新独行侠队史新秀赛季的“两双”纪录。可惜，东契奇个人的超越无法转化为球队的胜利，独行侠最终以 100 比 116 再一次败给了对手。

两天后对阵勇士，东契奇拿下 23 分、11 个篮板、10 次助攻。他在新秀赛季 6 次取得“三双”的战果，已名列历史第四，前面只有奥斯卡·罗伯特森、本·西蒙斯和埃尔文·约翰逊三位球员在新秀赛季取得过如此优异的成绩。

进入 4 月，独行侠输球的魔咒还在延续，注定无缘季后赛。他们的目的是让东契奇在这样的环境下多多历练，待到下个赛季波尔津吉斯火线归来，未来依然可期。

2019 年 4 月 4 日，独行侠主场迎战森林狼，唐斯和威金斯笑到了最后。不过，东契奇依然能在 32 分钟的上场时间里，斩获 27 分、12 个篮板和 6 次助攻。球队以 108 比 110 输给对手，但已经无关痛痒，对核心球员的培养才是那个赛季的主旋律。

05 77
“诺天王”退役
Luka Dončić

独行侠在经历了半个赛季的震荡之后，终于通过交易，为东契奇清理出前进的道路。东契奇也不负众望，用一次又一次的表现证明着自己在未来一定能够挑起球队崛起的重任。独行侠和东契奇已经处在正确的轨道之上。

2019年4月10日，独行侠主场迎战太阳，未进入季后赛的独行侠迎来本赛季的最后一个主场比赛。因为诺维茨基之前就宣布该赛季结束后退役，所以这也是“诺天王”NBA生涯的最后一个主场比赛。

此战，“诺天王”似乎又找到巅峰时的感觉，砍下创赛季新高的30分，率领独行侠以120比109击败太阳。赛后，独行侠专门为诺维茨基举办了一个纪念仪式，拉里·伯德、查尔斯·巴克利和斯科蒂·皮蓬等名宿悉数到场。

“这是我的最后一个主场比赛。”当诺维茨基哽咽着说出这句话时，整个美航中心球馆的球迷都为之动容。

41号，21年，一生一队，年近41岁的“诺天王”为达拉斯几乎奉献一切。2011年，诺维茨基“单核”带队，率领达拉斯小牛（独行侠的前身）逆转“三巨头”领衔的不可一世的迈阿密热火，夺得总冠军，登上荣耀巅峰。

如今，诺维茨基亲手为自己辉煌的NBA生涯画上了一个圆满的句号。

作为最为成功的外籍球员，诺维茨基在1998年被达拉斯小牛以第9顺位选中，自此效力该队长达21个赛季。他14次入选全明星，12次入选最佳阵容，职业生涯一共得到31560分，排名历史总得分榜第6位。此外，他还是2006/2007赛季的常规赛MVP，夺得2011年总冠军的绝对核心。

看到相伴 21 年的爱将退役，老板库班眼含热泪地发表了一番情真意切的演讲，言语中更多的是感谢。

“遇知己之主，言必行，计必从，祸福共之。”如果遇到明主，可谓人生一件幸事，而一生效力一队，更是忠诚神话。东契奇心生感慨，他不仅要接过“诺天王”的权杖，成为达拉斯的新王，还要努力成为像“诺天王”那样的人，忠魂刻骨，青史留名。

Presented by

第八章
期待未来

01 11

荣膺最佳新秀

Luka Dončić

独行侠和东契奇的 2018/2019 赛季充满遗憾地结束了。33 胜 49 负，无缘季后赛以及西部倒数第二的战绩，实在有些拿不出手，好在，还有东契奇。

独行侠选择东契奇作为达拉斯未来的基石，东契奇也投桃报李。2019 年 4 月 12 日，NBA 官方公布了 2019 年 3 月和 4 月的西部最佳新秀，东契奇再度以场均 22.1 分、9.9 个篮板和 7.0 次助攻的表现当选。此外，东契奇每场还能命中 1.8 记三分球。

2019 年 5 月 22 日，NBA 常规赛各项大奖陆续公布，东契奇全票入选 2018/2019 赛季新秀最佳阵容。回看东契奇在该赛季的惊艳表现，他甚至超越了自己的"探花"身份，比"状元"艾顿都更加出色。

2019 年 6 月 25 日，东契奇力压特雷·杨、艾顿当选最佳新秀（2018/2019 赛季），成为独行侠队史上第二个拿到该奖项的球员（另一个是贾森·基德）。

2018/2019 赛季，东契奇场均拿到 21.2 分、7.8 个篮板、6 次助攻，成为继奥斯卡·罗伯特森（1960/1961 赛季）之后，首位在单赛季场均拿到"21+7+5"数据的新秀。此外，东契奇有 8 场得分达到 30 分，有 24 场拿到"两双"，8 场豪取"三双"。

特雷·杨在该赛季场均取得 19.1 分、3.7 个篮板、8.1 次助攻，虽然数据也不错，不过与东契奇相比的话，还是稍逊一筹。特雷·杨在新秀赛季前期的命中率极低，经过漫长的适应期后才有起色，这显然不如东契奇的适应能力。

而艾顿则空有一手场均 16.3 分外加 10.3 个篮板的"两双"数据。在太阳队尴尬的战术地位，以及球队在联盟垫底的糟糕战绩，使这位 2018 年的"状元"早早就失去了与东契奇争夺最佳新秀的机会。

回溯整个 2018/2019 赛季，虽然独行侠出现过更衣室的纷纷扰扰，但东契奇还是稳步接过"诺天王"的权杖，成为核心。在球队大换血、身边没有强手帮衬的情况下，东契奇几乎被独行侠当成绝对核心来使用，他的体力也因此消耗得异常严重。

其他球队对东契奇开始针对性防守，加剧对其进行小范围的夹击围剿和身体接触。那段时间，他经历了联盟所有防守尖兵的轮班照顾，也经历了超过七成球队的包夹。但

东契奇最终熬过了那个阶段的种种磨砺，技艺开始突飞猛进。

在 2018/2019 赛季的后半程，东契奇可以在各种高难度的防守环境下完成投篮，他开始越来越多地使用后撤步投三分，并成为使用此招次数第二多的球员（仅次于詹姆斯·哈登），整个赛季，他使用了 166 次。

东契奇的接球三分显然要比这个高难度动作更精准，不过作为球队核心，他必须拥有一些无解的“独门技艺”，因此后撤步三分成了他的必杀技。

除去有些难看的三分球命中率，整体上来说，东契奇还是一位非常高效的得分手，他有着绝对高产的回合占有率（29.3%）、中等效率水平的真实命中率（54.5%）和超高的助攻率（31.7%）。这组数据说明他是一个能够支配大量球权，同时可以转化为帮助队友进攻的“控球小前锋”。这类球员的代表都是当今联盟的招牌巨星，2018/2019 赛季，能排在东契奇前面的小前锋，大概只有杜兰特、詹姆斯和科怀·伦纳德了。

从身体硬件条件上来看，东契奇和前三位“大咖”相差不少，但东契奇有自己的特点：他有着不错的身体对抗能力；他突破变向的相对节奏控制得非常好，更加细腻灵活；他深谙各种篮下终结技巧，即便在低位依然脚步娴熟；他非常善于制造犯规，并且传球视野开阔；更为关键的是，他有着欧洲球员的狡黠与顶级篮球智商。

chime
DALLAS
77

#ALLFORONE
77
MOEN

02 11

成为更好的自己

Luka Dončić

2018/2019 赛季结束时，东契奇几乎成了新的话题人物，因为喜欢个人英雄主义的美国人民似乎厌烦了最近几年 NBA 的抱团成风。回看最近几年的季后赛，整个 NBA 几乎都被那几支球队统治，过程结果，大同小异。

球迷们喜欢看到新鲜血液，就像喜欢当年艾弗森带球晃过乔丹的经典桥段，喜欢科比拖着伤腿奋战的浴血刺激。人们喜欢孤胆英雄单骑救主的史诗，更喜欢悲情英雄无力回天的苍凉。这是骨子里的东西，无法更改。

好在以东契奇为首的新秀们开始逐步崭露头角，联盟的“花边新闻”和“火药味”终于再次浓郁了起来。在 2017 年的新秀里，杰森·塔图姆和朗佐·鲍尔都有特色且实力不俗，塔图姆更是和凯里·欧文上演了一场“绿衫军宫斗大戏”。而 2018 年，东契奇的加入，加上独行侠的“更衣室风云”，终于让联盟又恢复了些往昔神采。此外，2018/2019 赛季后半程，在选秀大会后被独行侠用来交易东契奇的特雷·杨突然爆发，开始展开对东契奇的衔尾穷追，这波“角逐大戏”，更让观众们大呼过瘾，几乎成了最近 10 年里，新秀间竞争的最佳脚本。

如果再算上东契奇精彩的赛场表现、独特的打法以及吸引女粉丝尖叫的颜值，这一切的一切，都让东契奇在 2019/2020 赛季开始之前，成为已经有些审美疲劳的球迷们讨论的话题中最受关注的焦点。

球迷们都非常期待东契奇在 2019/2020 赛季会有惊艳四座的表现。但也有不少球迷有些担忧他的未来，因为在之前的 2018/2019 赛季尾声，独自带队的东契奇似乎显露了一些“疲态”——独行侠给了他“无限开火权”和组织进攻重任，于是他的球权似乎多到无法消化，其中很大一部分也都变成了失误。

因此，接下来的新赛季对东契奇来讲，如何改变与提升至关重要。

斯蒂芬·库里的路子似乎适合东契奇：提升自己的战术水平和技术水平，用球场智商去解决问题，合理使用自身威胁，拉开空间或者进攻，投出更具有威胁的关键球，然后成为一个全新的、更好的自己。

休赛期的东契奇似乎根本无心理会这些事情，更多的时候，他在斯洛文尼亚的家里，陪伴着自己的母亲和女友。对多年漂泊在外的东契奇来说，对家乡与亲人的思念是真挚与浓郁的，好不容易休息了，他只希望能好好享受一下假期，与亲人团聚。

篮球之于东契奇，是从小相伴、无法割离、融入骨髓的。东契奇不喜欢把篮球掺杂更多的东西，虽然他以此作为职业，但同样这也是他的兴趣和爱好。

东契奇在休赛期也坚持训练，为了新赛季，他时刻准备着。首先是减重，之前有点儿胖胖的体态，确实会影响比赛中步法的灵活。减重会让他的移动速度更快，而进攻与防守两端都会有所提升。

东契奇在社交媒体上晒出苦练力量的照片，体型相较上赛季精瘦不少。作为新队友的波尔津吉斯回复道：“好啊，继续练！”

一年前，长着一张 360 度无瑕疵的帅气脸庞的东契奇来到 NBA，也许是在美国吃多了汉堡，一年后，他的身材愈发圆润，虽然帅气依然，但变得有些“憨萌”了，关键“胖”

影响到东契奇的场上发挥，所以减重势在必行。

东契奇在休赛期减去了 9 公斤的体重，这与他持之以恒的训练密不可分。他每周训练五天，周末还会有些额外的锻炼，他觉得自己身体素质的提升，会成为各个方面进步的基础，他希望新赛季能够展现出更好的竞技状态。不过，在休赛期，他更多的是享受关于篮球的一些过程，偶尔和朋友打打野球，也可算是训练的一部分。

就这样，东契奇轻松地享受着他愉快的假期时光，并期待着即将展开的 2019/2020 赛季。或许，那里有着属于他的波澜壮阔。

03 11

蓄力新赛季

Luka Dončić

由于斯洛文尼亚队无缘2019年男篮世界杯，这让中国球迷在家门口无法领略东契奇的风采，着实有些可惜。不过，东契奇可以全力备战新赛季了。

NBA在2018/2019赛季推出“自由移动”防守规则：防守者限制进攻球员自由移动的一些动作，比如背后拉拽、顶人、搂抱、推搡均会被判为犯规。此项防守规则的出台，使身体对抗程度大大降低，导致球员们不敢贴防，出现了很多场高分的比赛。联盟的目的达到了，增加了进攻观赏性，不过球员的数据也开始“注水”。

2019/2020赛季开始前，在一次采访中，东契奇表示，这个规则确实对身体素质相对一般的他来说很不错，如此一来，在NBA得分比他想象得更容易。

2019/2020赛季，在竞争残酷的西部联盟，独行侠杀入季后赛的难度非常大。不过，东契奇的目标仍然是率领独行侠重返季后赛。

东契奇非常期待和波尔津吉斯联手，同时认为他们二人能够实现很好的化学反应。东契奇也很期待和塞斯·库里（斯蒂芬·库里的弟弟）一起打球，毕竟后者拥有库里家族的“神射基因”。

2019/2020赛季来临之前，独行侠围绕东契奇完成了一系列补强动作。他们留下波尔津吉斯，完成内外线两位年轻核心的组合构建。同时，独行侠也开始陆续起用和签约一些功能鲜明的角色球员，轮转阵容深度也加强了。

东契奇与波尔津吉斯都很年轻，成长空间也很大。他们都来自艺术篮球氛围浓郁的东欧，波尔津吉斯有着杜兰特和诺维茨基的影子，既有投射精准的三分远程能力，也有翻江倒海的内线单打实力。而东契奇在最会调教后卫的战术大师卡莱尔教练的指导下，将与波尔津吉斯展开挡拆配合，成为独行侠新赛季的一大撒手锏。

无论是挡拆外切、内切还是顺下，东契奇与波尔津吉斯配合起来都得心应手，他们打起挡拆来也许比斯蒂芬·库里与杜兰特更加流畅。独行侠这对“双子星”将在新赛季绽放出何等绚丽的光芒，令人无限期待。

DALLAS
77
DALLAS
6
SPALDING

04 77

“硬核”牛仔

Luka Dončić

2019年9月25日，独行侠宣布执行东契奇的2020/2021赛季球队选项，他们已经认定东契奇将如同诺维茨基，是球队未来20年的绝对核心。

得到独行侠的如此认可，让东契奇倍感压力。面对媒体，他谈起对于新赛季的展望，很谦虚地表示，在竞争激烈的西部，率领独行侠突围杀入季后赛确实是非常困难的事。

整个休赛期，西部除了原来的联盟霸主勇士濒临解体以外，其他豪强都没有停止补强的脚步。拥有詹姆斯和安东尼·戴维斯的湖人、拥有伦纳德与保罗·乔治的快船、拥有哈登与拉塞尔·威斯布鲁克的球队等，都是“王炸”领衔的超级劲旅。此外，掘金、开拓者、马刺、爵士、雷霆也非等闲之辈。在强敌环伺的西部，杀入季后赛谈何容易。

西部竞争虽然惨烈，但独行侠和东契奇也并非完全没有机会，他们有稳定的核心阵容，而德怀特·鲍威尔、塞斯·库里等球员的加入，让球队拥有更进一步的实力。当然，最重要的还是东契奇能否在新赛季完成蜕变，成为一名真正的超级巨星。

也许是为了回应大家的期待，也许是身在狂野的“牛仔之城”达拉斯，东契奇展现出不同以往的霸气，从新赛季一开始就展现出侵略性。

2019年10月24日，独行侠的常规赛主场揭幕战，对手是奇才。当东契奇面对布拉德利·比尔的挑衅防守时，给予强势回应，甚至直接与比尔对喷起“垃圾话”，裁判给予二人技术犯规。比尔不满判罚，再领一次技术犯规，惨遭裁判驱逐出场。

那场比赛，对比两队核心，东契奇不仅从气势上压倒比尔，在数据上更是碾压对方。此战，东契奇18投12中，得到34分、9个篮板，而比尔仅得19分。

最终，独行侠以108比100击败奇才，赢得新赛季“主场开门红”。

这场揭幕战，东契奇在进攻端更加娴熟自如，后撤步三分、篮下补篮、靠节奏变化和假动作晃过对手的上篮、背身单打、中距离抛射、制造犯规，他几乎展现出一位超级巨星的所有得分技巧。减重后的东契奇更加轻盈，但力量感十足，作为球队领袖，他更攻守有度。球迷为他欢呼雀跃，但这仅仅是一个开始，东契奇将会在新赛季创造更多惊喜。

比赛之后，当被媒体问到是否习惯NBA级别的对抗时，东契奇轻描淡写地回应道：

“我上赛季就习惯了，更早之前在欧洲，我就接触过这样的对抗。”

当谈到诺维茨基隐退，接过独行侠权杖是否有压力时，东契奇回答：“我从 16 岁开始就在承担压力，我喜欢压力。”至于所谓赛场之外的关注压力，他觉得更加寻常：“我 16 岁效力皇马时，就习惯于免受场外的一切干扰，专注于篮球本身。”

宠辱不惊，这就是东契奇内心的真实写照，他已经做好一切准备征战 2019/2020 赛季，开启他辉煌夺目的巨星之旅。

DO IT.
ALL-STAR 2019
CHARLOTTE
SPALDING

第九章
新王将至

01

“双子星”的首秀

Luka Dončić

2019年10月26日，独行侠做客新奥尔良球馆挑战鹈鹕。

鹈鹕正值群龙无首之际，多年的核心“浓眉”安东尼·戴维斯加盟湖人，而他们亲手摘下的2019年“状元”——“胖虎”蔡恩·威廉森，因为右膝半月板撕裂，被迫进行关节镜手术，将缺席6—8周的常规赛比赛。这位被誉为“十年难遇的奇才”“下一个詹姆斯”的“新科状元”，也无缘与东契奇角逐这场NBA未来10年的王者卡位战。

比赛刚开始，缺兵少将的鹈鹕却抢先进入进攻模式。首节战罢，措手不及的独行侠以27比41落后对手14分，场面有些尴尬。

第二节，独行侠在东契奇的率领下，打出一波21比2的攻击波，瞬间就完成了比分的反超。待到半场哨音响起，独行侠已经以72比64反超对手，领先鹈鹕8分。

下半场，鹈鹕再度反攻，第三节结束，独行侠依然以95比93领先鹈鹕。

第四节决胜时刻，东契奇挺身而出，再一次完成“2+1”得分。布兰登·英格拉姆命中“大心脏”三分球，疯狂将比分追近。东契奇再度挺身而出，连得5分，将胜利收入囊中。

最终，独行侠以123比116成功赢得了赛季“客场开门红”。

此战是东契奇和波尔津吉斯首度联袂出战。东契奇砍下25分、10个篮板、10次助攻，斩获“三双”，而波尔津吉斯也有24分、4个篮板入账。独行侠“双子星”首秀成功。

初次联手，东契奇和波尔津吉斯似乎还缺少一些默契，但对付阵容不整的鹈鹕还是绰绰有余。6天后，独行侠对阵湖人，“双子星”要接受“詹眉组合”的考验。

“詹眉组合”——勒布朗·詹姆斯与安东尼·戴维斯——当今联盟二人组的“天花板”，东契奇和波尔津吉斯将遇到成色最好的“试金石”。

DALLAS
77
BALL
2
NEW ORLEANS
3
NEW ORLEANS
34
DALLAS
42
6

02 11

火星撞地球

Luka Dončić

2019年11月2日，在达拉斯美航中心球馆，独行侠迎战湖人。

比赛一开始，独行侠在东契奇的指挥下气势如虹，以一波12比2压制“紫金军团”。在独行侠如狼似虎的防守下，湖人众将有点儿找不到北，几乎没有任何运动战得分。而达拉斯在东契奇和波尔津吉斯的内外串联下，多点开花，不停扩大领先优势。但湖人毕竟是湖人，他们调整状态，回敬一波7比0。首节战罢，独行侠以25比20领先。

第二节，詹姆斯挺身而出，率先跳投完成得分，湖人“内线双塔”翻江倒海。独行侠也不甘示弱，半场战罢，依然以58比38领先湖人。

下半场开始，独行侠却突然哑火，失误连连，暴露出年轻球队不会打“顺风球”的问题。老辣的詹姆斯抓住机会，率领湖人打出一波10比0，一举扳平比分。

随后，詹姆斯更是连续命中两记三分球，带领湖人反超比分。眼看球队陷入危机，东契奇挺身而出，连得5分，随后还助力马克西·克勒贝尔和德朗·赖特各命中三分，几乎以一己之力帮助球队重新拉开分差。第三节战罢，独行侠以85比76领先湖人。

最后一节，双方进入“白刃战”，湖人不断蚕食着独行侠的领先优势。最后31秒，多里安·芬尼－史密斯命中三分球，独行侠领先湖人3分。眼看胜利就是囊中之物，可湖人阵中的丹尼·格林拍马杀出，最后时刻祭出压哨三分球，将比分变成103平，双方进入加时赛。

加时赛刚一开始，独行侠就连续出现失误，湖人抓住机会，连续拿下6分。虽然东契奇马上连得5分帮助球队试图反击，但詹姆斯里突外投接管比赛。最终，湖人以119比110击败独行侠，老辣的“紫金军团”给年轻的“侠客们”上了一课。

这是一场必将载入史册的新老两代“全能战士”的“三双大战”。东契奇砍下31分、13个篮板和15次助攻的大号“三双”，而詹姆斯以38分、12个篮板、16次助攻回敬，两人的对决如火星撞地球般，华丽绚烂的战局令人荡气回肠。

东契奇与詹姆斯可谓平分秋色，但两人搭档的表现似乎有高下之分。詹姆斯的搭档戴维斯在独行侠内线为所欲为，砍下31分、8个篮板，而东契奇的搭档波尔津吉斯却只

贡献了 16 分、9 个篮板，两位搭档的“差异化”表现也成为这场比赛胜负的“分水岭”。

不过，一场常规赛的失利并没有影响东契奇的心情，能和偶像分庭抗礼，让他异常兴奋。比赛结束后，他再次跑到湖人更衣室门口，索要詹姆斯的签名球衣。然而这一次，他赢得了“皇帝”的尊重，詹姆斯亲自送来球衣，并和东契奇热情地拥抱在一起。

也许，詹姆斯在那一刻从东契奇身上看到了年轻时的自己。

联盟的下一代“全能战士”正在如星辰般闪亮崛起。

Security Provider
DALLAS
77
0
CAVS

03 11

宛如星辰般崛起

Luka Dončić

东契奇和独行侠在经历与湖人这样的顶级强队鏖战之后，对比赛有了更深层次的解读，也逐渐知道了如何熬过比赛的艰难时期，并最终赢得胜利。

2019 年 11 月 4 日，独行侠远赴克利夫兰挑战骑士。首节，东契奇便拿下 13 分、4 个篮板、4 次助攻，率领球队在对方猛烈的攻势下稳住阵脚（对方主将凯文·乐福独得 16 分）。之后，比赛陷入焦灼态势，半场战罢，独行侠仅以 58 比 53 领先 5 分。

第三节，两队更是对飙三分，比分交替攀升。第四节一开场风云突变，东契奇率领独行侠打出一波 13 比 2，锁定胜局，以 131 比 111 夺得胜利。

此役，东契奇再度砍下 29 分、14 个篮板、15 次助攻的大号“三双”。这是他在新赛季斩获的第 3 次“三双”，同时也超越“魔术师”约翰逊，成为 NBA 历史上最年轻的得分在 25 分以上的“三双”获得者。

11 月 7 日，独行侠回到主场，以 107 比 106 险胜魔术。东契奇“仅”得到 27 分、7 个篮板、7 次助攻，没有再度砍下“三双”。两天之后，独行侠对阵尼克斯，东契奇豪取 30 分、14 个篮板、10 次助攻，但独行侠却以 102 比 106 负于对手。得到豪华“三双”数据，却不能引领球队走向胜利，东契奇不断反思自己。

随后，独行侠“背靠背”挑战灰熊。东契奇在上半场带领球队打出 22 比 8 的攻击波，扭转了颓势。下半场，他更是连得 10 分，将比分拉开。最终，凭借他的 24 分、14 个篮板、8 次助攻的全能表现，球队以 138 比 122 大比分战胜对手。

战胜灰熊之后，独行侠迎来一波凶险的东部客场之旅。

11 月 12 日，独行侠飞往波士顿，面对已经豪取七连胜的凯尔特人。一场惨烈的“青年军”对攻战后，独行侠只能以 106 比 116 输掉比赛，目送对手获得八连胜。这一战，东契奇拿下全场最高的 34 分，同时还有 9 次助攻，可惜华丽数据未能换来一场胜利。

11 月 15 日，独行侠来到纽约，挑战波尔津吉斯的老东家——尼克斯。达拉斯众球员昏昏欲睡，一直被对手压制。虽然东契奇在第三节砍下 15 分，但独行侠还是以 103 比 106 不敌尼克斯，输掉比赛。东契奇得到 33 分、10 个篮板、11 次助攻，成为“空砍帝”。

波尔津吉斯对阵老东家似乎有了“复苏”迹象，他拿下 20 分、11 个篮板和 3 次封盖。如果这个状态能够延续，独行侠“双子星”组合才能逐渐步入正轨。

11 月 17 日，独行侠飞回达拉斯，在主场迎战猛龙。没有伦纳德的猛龙依然实力不俗，又是东契奇在关键时刻连得 6 分，才率领独行侠以 110 比 102 击败上届总冠军。

这一战，东契奇贡献 26 分、15 个篮板、7 次助攻，波尔津吉斯得到 20 分，同时摘下 15 个篮板，连续两场得到“两双”，他和东契奇的化学反应正在逐渐形成。

“三双”封王

随着 2019/2020 赛季的推进，东契奇的表现可谓场场惊艳，但他还缺少一场惊世骇俗的高光之战，为这个“云垂海立”的非凡赛季刻下闪亮注脚。

2019 年 11 月 19 日，独行侠对阵“宿敌”马刺。东契奇 27 投 14 中，得到创自己 NBA 生涯最高的 42 分，并送出 11 个篮板、12 次助攻。比赛最后关头，他又命中一记制胜三分，率队以 117 比 110 击败对手。

20 岁零 263 天的东契奇成为继詹姆斯之后，联盟历史上最年轻的得分在 40 分以上的“三双”球员。2005 年 4 月 10 日，20 岁零 100 天的詹姆斯在骑士对阵雄鹿的比赛，拿到 40 分、10 个篮板、10 次助攻。

东契奇在那场比赛几乎闪耀全场。首节，他在个人独得 17 分的同时，率队以领先 14 分的优势结束了比赛。第二节和第三节，他更是无时无刻不带领着球队前进。

詹姆斯在看到东契奇这样惊艳的表现之后，忍不住在社交媒体飙起了“垃圾话”，他直言：“我早就警告过你们，他太强了，简直就是个‘小混蛋’。”

两天之后，东契奇的又一个“纪录之夜”接踵而至，他将火热手感延续到“昔日霸

主”勇士身上。首节，东契奇就命中 5 记三分球，单节狂轰 22 分、5 个篮板、5 次助攻，率队将勇士的防线轰击得粉碎。首节战罢，独行侠以 44 比 16 领先对手 28 分。

第二节，为了巩固领先优势，东契奇再度披挂上阵，得到 11 分，半场豪取 33 分，率领独行侠以 74 比 38 结束上半场。由于比赛早早失去悬念，东契奇几乎在板凳席上度过下半场时光。即便如此，东契奇依然交出 35 分、10 个篮板、11 次助攻、3 次抢断的完美数据。这场比赛之后，东契奇连续第 10 场得到“20+5+5”的数据。在 NBA 历史中，还没有任何一位未满 21 岁的球员取得过如此成绩。

看到此情此景，对面勇士队中习惯于“三节打卡下班”的斯蒂芬·库里不知作何感想？

“长江后浪推前浪”，而后浪到来得那么猛烈迅疾，令人猝不及防。

05 77

极速进化

Luka Dončić

2019年11月23日，骑士做客达拉斯，依然没有逃出东契奇的“魔掌”。东契奇再次交出30分、7个篮板、14次助攻的答卷，带领独行侠以143比101大比分击败骑士。

击败骑士之后，东契奇和独行侠踏上了前往“航天城”的专机，在那里等待他们的是哈登和威斯布鲁克这对超级外线组合。

而那场比赛也是意料之中的火星四溅，虽然哈登和威斯布鲁克合力贡献了59分，但东契奇独砍41分、6个篮板、10次助攻，让对方成了独行侠欢庆胜利的背景板。

2019年11月26日，东契奇首次荣膺西部周最佳球员。在之前的一周里，他场均得到37分、8.5个篮板和11.8次助攻，率领独行侠打出四战全胜的骄人战绩。

然而，荣誉刚刚到手，东契奇就迎来了一场恶仗——独行侠迎来快船的挑战。

面对科怀·伦纳德与保罗·乔治——联盟顶级的锋卫组合，东契奇还是暴露出一些弱点。全场比赛，他始终被强悍防守“笼罩”，8次出手三分球，无一命中。

不过，即便对面是总决赛MVP伦纳德，二年级新秀东契奇还是打出了自己的特色。他最终获得全场最高的16次罚球，交出了22分、8个篮板、6次助攻、3次抢断的不错答卷，唯一有些扎眼的是7次失误。

当东契奇被对手制约，独行侠似乎就没有还手之力，最终他们以99比114输给快船，五连胜就此被终结。输球后，东契奇显然憋了一肚子气，几天后，太阳便成了他的出气筒。

2019年11月30日，独行侠客场挑战太阳，东契奇迎来大爆发，全场拿下42分、9个篮板、11次助攻的超级数据，尽显巨星本色。

虽然他们在上半场，打得有些艰苦，甚至在第三节刚开始，还被对手以一波11比2拉开比分，但第三节后半段，东契奇开始发威，三分、上篮、助攻、制造犯规，万花筒般的进攻方式，他都玩儿了个遍。被他耍得头昏脑涨的太阳最终大乱阵脚。在比赛最后时刻，太阳阵中竟然无人能得分，出现了长达 4 分钟的“得分荒”。而东契奇也乘机率领独行侠以 120 比 113 攫取胜利。

对阵太阳的硝烟散去，东契奇和独行侠整个 2019 年 11 月的征程也告一段落。这个月里，他场均为球队贡献 32.5 分、10.6 个篮板和 10.8 次助攻。

更令人叹为观止的是，这位斯洛文尼亚的新星才仅仅 20 岁而已。

未来，他究竟会进化成什么样呢？这值得所有人拭目以待。

DONČIĆ
77

第十章
未来已来

01 11

晋身超级巨星

Luka Dončić

在2019/2020赛季的第一个月里，NBA所有球员一共打出了16次“三双”，而其中5次都属于东契奇，他在联盟“三双”次数排行榜中力压詹姆斯，独占鳌头。

东契奇度过自己的新秀赛季之后，在2019/2020赛季的成长速度简直令人惊奇。与2018/2019赛季相比，他“全面升级”，无论是个人贡献，还是带队成绩，都提升了一个层次。独行侠在上赛季还是一支深陷“乐透区”的球队，而在2019/2020赛季的第一个月，他们已经在12场比赛里赢下7场，跻身西部季后赛球队的行列当中。

波尔津吉斯的复出是球队飞跃的一个原因，但更多时候，波尔津吉斯似乎还在找比赛状态，独行侠暂时还是东契奇一个人带队。就算是詹姆斯，在20岁的年纪也没能打出如此惊艳的表现，东契奇这位“欧洲少侠”的未来不可限量。

早在2018/2019赛季的后半段，库班就决定围绕东契奇来建队。东契奇开始站在一号位掌控球权，以2.01米的身高担任球队的掌控者，各项数据均衡进步。但真正让人震惊的是，他在个人进攻能力方面实现了“质的飞跃”。

2019/2020赛季，东契奇持球时对于节奏的控制和进攻的梳理都是联盟顶级，而他那卓越的球场智商，也保障了他每时每刻都能把优势放大到最大化。在整个2019年11月的比赛中，东契奇的进攻比例中有45.9%是持球单打，还有44.2%来自他的篮下终结。

更夸张的是，东契奇运球7次以上才完成进攻出手的占比竟然高达38.2%。某种意义上，他确实十分“黏球”，但就算这样，他的得分效率依然高得惊人：运球3—6次，投篮命中率47.9%；运球7次以上，投篮命中率51.7%。

更多的时候，东契奇喜欢在对方防守强度最高的时候完成得分。当防守人距离自己0.6—1.2米时，他场均7.9次出手命中4.9次，命中率达到了62.1%。而他在大空位的情况下，反而命中率只有29.2%。

这些“反常规”的投篮效率，在NBA成立以来，也只有“篮球之神”乔丹才能做到：在对方的严防死守下不影响得分效率，甚至防守越严，得分效率越高。

东契奇的突破能力也较新秀赛季有了很大的提升。算上运球突破制造的得分，整个

11 月，东契奇场均能得到 11.6 分，仅次于哈登的 16 分和欧文的 11.9 分。

事实上，东契奇的突破，绝非传统美国式后卫的持球单挑突破，他更擅长利用挡拆之后的空间来寻找突破机会，这是他超高的篮球智商在球场上的另一种体现。他的挡拆使用次数场均高达 10.3 次，占到他个人进攻总数的 37.2%，但每次挡拆平均能够拿下 1.16 分，每场利用挡拆可以拿下 12 分，放眼全联盟也仅次于达米恩・利拉德。

作为一名二年级球员，东契奇挡拆进攻的水准简直冠绝古今。事实上，虽然独行侠坐拥联盟最适合打挡拆的内线球员波尔津吉斯，但经历十字韧带的大伤之后，刚刚复出的波尔津吉斯却没有太多参与到球队的挡拆战术中。毕竟他大伤初愈，还不能完全放开

MAVERICKS
77

THIRST FOR YOURS
MAVERICKS
77

手脚进行身体对抗。更多时候，东契奇和队中其他内线球员进行配合，那些球员没有波尔津吉斯那种挡拆顺下的威胁，因此，东契奇的挡拆得分更具含金量。

东契奇助攻队友的能力十分强大，除了直观的助攻数据之外，他场均间接助攻、潜在助攻、助攻创造得分的数据，也都仅次于已经成为“联盟第一人”的詹姆斯。

唯一美中不足的是，东契奇的三分球命中率依然不高，场均只在 31% 左右，这与他的后撤步投篮技术有关，他太喜欢运用这招完成进攻了。然而，这样的高难度动作，想要拥有较高的命中率确实有些勉为其难。

东契奇的罚球能力在 11 月也比新秀赛季有了不小的提升，场均罚篮次数从 6.7 次提升到 9.1 次，位列联盟第三。他开始更多地利用自己的节奏感去制造罚球——在突破中主动贴住防守人运球，逼迫对方让出位置或者造成犯规。这也是东契奇突破命中率如此之高的原因之一。他并不试图“碰瓷”，但会用清晰的动作去告知裁判犯规。难怪猛龙主帅尼克·纳斯在一场东契奇 19 罚 15 中的比赛之后会悻悻地说：“他每一次都把自己送上罚球线，我只能说这场他得到的‘待遇’不错。”

随着罚球次数的增加，他的罚球命中率也有所提升，从之前的 71.3% 提高到了 82.6%。上赛季关键时刻因为罚丢球而葬送比赛的情况，这个赛季再也没有出现过。用东契奇自己的话说：“上赛季因为罚球输的比赛一直在我脑海中挥之不去，我只能用苦练去弥补，以后再也不会发生这样的事了。”

也许这些就是 2019 年 11 月东契奇强得“变态”的核心原因——他的每项技艺均有提升。但他依然谦逊，在独行侠输给尼克斯的比赛之后，当媒体问到他的“三双”数据时，他如是回答道：“这没什么意义，我打得并不好，特别是在防守端，我更想要一场胜利。”

02

超越各种纪录

Luka Dončić

“全面进化”的东契奇带动独行侠突飞猛进，2019 年 12 月 2 日，他们在客场再度挑战湖人。此时，詹姆斯和他的湖人迈着“霸王步”刚刚完成十连胜。

东契奇显然不希望湖人的连胜场次在独行侠身上延续，于是他全场火力全开，轰下 27 分、9 个篮板和 10 次助攻，率队以 114 比 100 击败不可一世的湖人，完成了一次对偶像的逆袭。湖人在 2019/2020 赛季首次遭遇分差 10 分以上的失利。

12 月 4 日，NBA 官方宣布 2019 年 11 月最佳球员奖项归属，东契奇当选西部月最佳球员。他场均“30+ 三双”的表现，让这一荣誉实至名归。他也成为继 2009 年 4 月诺维茨基当选月度最佳球员之后，首位获得这一殊荣的独行侠球员。

获奖 5 天之后，东契奇率领独行侠在主场迎战国王，最终球队以 106 比 110 憾负对手，五连胜终结。此役，东契奇的表现依然可圈可点，得到 27 分、7 个篮板、8 次助攻。恰巧此时 NBA 公布了新赛季第 5 周的东西部最佳球员名单，东契奇再度当选西部周最佳球员。“最佳球员输球”这条古老“魔咒”似乎也在东契奇身上应验了……

2019 年 12 月 13 日，独行侠与活塞展开一场境外鏖战。这场比赛是 NBA 拓展海外市场的一场“实验赛事”，比赛地点定于墨西哥城。

比赛刚一开始，两支球队就展开犬牙交错的对攻大战，比分交替上升。直到第三节，在东契奇的盘活之下，独行侠多点开花，最终一举将比分拉开到了 24 分。

就当独行侠想要庆祝胜利的时候，活塞阵中的前 MVP 德里克・罗斯拍马杀出，他一人独得 11 分，一度将比分缩小至个位数。好在独行侠凭借出色的防守稳住阵脚，最终以 122 比 111 击败活塞，赢得“墨西哥之战”的胜利。

在这场比赛中，东契奇疯狂砍下 41 分、12 个篮板、11 次助攻，直接刷新了四项 NBA 纪录：

1. 东契奇 NBA 生涯第 2 次拿下得分 40 分以上的“三双”，成功超越詹姆斯，成为拿下得分 40 分以上“三双”场次最多的 21 岁以下球员。

2. 东契奇 NBA 生涯第 4 次拿到 40 分以上得分，追平同时期的杜兰特，成为得分 40 分以上场次第二多的 21 岁以下球员，仅次于詹姆斯的 8 次。

3. 东契奇 NBA 生涯第 7 次拿到得分 30 分以上的“三双”。而放眼 NBA 历史，所有 21 岁以下球员贡献 30 分以上的“三双”总次数也只有 10 次。

4. 东契奇已经连续 20 场砍下至少 20 分、5 个篮板、5 次助攻，此项数据排名历史第一。

两天之后，独行侠返回达拉斯迎战热火，风头正劲的东契奇却遭遇了一次不小的打击。在比赛中，他踩到了肯德里克・纳恩的脚而扭伤脚踝，检查结果显示，东契奇的脚踝虽然无结构性损伤，但属于中度扭伤，大约要缺席两周左右。

那场比赛东契奇因伤退出，缺少主心骨的独行侠最终以 118 比 122 不敌热火。

与球队输球相比，球迷们更关心东契奇的伤势，毕竟这位“欧洲少侠”刚刚进入“超巨模式”，不知道这次伤病会不会带来什么影响。

03 11

因伤缺阵的日子

Luka Dončić

东契奇因为脚踝扭伤，不得不暂时停赛休养。休战之前，他在 2019/2020 赛季已打出 MVP 级的表现，除了场均得到将近“三双”的数据，他的带队能力也十分强大，独行侠在近 13 场比赛中已经赢下 11 场。

东契奇因伤缺阵，独行侠却迎来为期 8 天的东部“魔鬼之行”，他们将奔赴多个客场，依次挑战雄鹿、凯尔特人、76 人以及猛龙等各路豪强。

缺少东契奇，让他们无法保障面对这些豪强时占据优势，一旦球队陷入连败，那么之前苦心经营来的士气恐怕一下子就荡然无存。在豪强林立的西部，如果遭遇连败，球队会掉出季后赛行列……困难时刻，独行侠的将帅决定：团结一心，共渡难关。在东契奇缺阵时，其他球员也要挺身而出。

作为比东契奇在 NBA 成名更早的拉脱维亚球星，波尔津吉斯在 2019/2020 赛季一直默默地给东契奇打着下手，等同于詹姆斯身边的克里斯·波什，不看中数据，任劳任怨，为球队的胜利默默付出一切，但这并不代表“波神”状态下滑。

东契奇因伤缺战，波尔津吉斯扛起前进大旗。对阵雄鹿，他全场 19 投 9 中，贡献 26 分、12 个篮板，几乎以一己之力终结了雄鹿的 18 连胜，在客场为独行侠争下一场胜利。

随后的两场比赛，对阵凯尔特人和 76 人，他也分别拿下 23 分、13 个篮板和 22 分、18 个篮板的大号“两双”，帮助独行侠保住了西部前四的排名。

2019 年 12 月 27 日，东契奇火线复出后首战对阵马刺。这场比赛，东契奇交出 24 分、10 个篮板、8 次助攻的不错答卷。在他的带领下，球队众将也齐心用命，最终球队有 6 人得分上双。独行侠也以 102 比 98 击败马刺，赢得了胜利。

可惜的是，随着东契奇的复出，波尔津吉斯

却再次“隐身”，全场他 15 次出手，“打铁”11 次。这和他在东契奇受伤期间场均得到 22 分、13 个篮板的数据相比，简直判若两人。

东契奇与波尔津吉斯——两位才华横溢的“欧洲少侠”，他们之间如何才能珠联璧合，还需要多久的磨合期，这是独行侠亟待解决的问题。

04 11

像王者一样思考

Luka Dončić

2019 年 12 月 29 日，带着如何让东契奇和波尔津吉斯更加完美配合的问题，独行侠再度开启客场征程。这一次，他们的对手是勇士。

面对没有“水花兄弟”的勇士，独行侠竟然没有占到便宜。经过两节鏖战，上半场结束时，他们以 72 比 74 落后对手 2 分。

第三节最后时刻，马奎斯·克里斯和东契奇的手臂互相纠缠在一起，克里斯一把将东契奇推进底线观众席，起身之后的东契奇与其怒目而视。双方其余 8 名球员迅速加入战局，险些上演一场“全武行”的对殴战，好在裁判及时制止。

独行侠在第四节很好地控制住情绪。最终，东契奇贡献了 31 分、12 个篮板、15 次助攻，率领独行侠在客场以 141 比 121 大胜勇士，终结了对手的四连胜。

年轻的东契奇与独行侠众将在这场比赛中体现出很好的情绪管理，他们更加成熟了。

在 2019/2020 赛季，无论从数据上还是带队成绩上，东契奇都是常规赛 MVP 的有力竞争者。面对媒体采访时，东契奇回答：“能与很多伟大球员相提并论，我很高兴，但我没有那么在意是否能荣膺 MVP，我更希望率领球队打进季后赛。”

东契奇是一位能够清晰认识到自身问题的球员，并不盲目自信，他曾坦诚自己的防守还需努力，目前还没达到联盟的平均以上水平。

他的防守的确还存在很多问题，比如他的退防速度一般，防守时更多只能应对三四号位的球员。另外，他和波尔津吉斯的化学反应尚未完全产生，往往两人之间是“此消彼长”的关系，而非休戚与共的共同体。

某种意义上，东契奇和独行侠还有很长的路要走，他们的问题还没有完全得到解决，但好在东契奇本人似乎已经做好了应对一切的准备。

在独行侠对阵上届冠军猛龙的比赛中，东契奇面对对方一群侧翼防守悍将的轮流“招呼”，还是在比赛关键时刻连得 8 分，帮助球队稳住场面，最后收获比赛胜利。

当比赛胜利时，他第一时间和每个队友击掌庆祝，然后默默走向采访席，说下了这个赛季最励志的宣言之一：“我没打算扛起这一切，但我喜欢扛起这一切的感觉。”

虽然东契奇和波尔津吉斯的融合还未进入佳境，但两人相处融洽。波尔津吉斯接受采访时说：“虽然我们配合得还缺乏默契，但彼此享受一起打球的感觉。”

独行侠总经理唐尼·尼尔森说：“感觉我们就像重新拥有了诺维茨基和纳什，不同之处在于，东契奇比纳什高 10 厘米，波尔津吉斯比诺维茨基高 8 厘米。”

其他二年级新秀还在摸索自己的风格，东契奇已经考虑如何作为一名领袖将自己在比赛中的统治力转化成团队胜利。

INSPIRE
ENGAGE
DREAM
UNIFY
LEAD
PERSEVERANCE
HISTORY
JUSTICE
EQUALITY
NBA
EMPOWER
ACTIVAT
LISTEN
LOVE

第十一章
阴霾时节

卢卡·东契奇传

01

科比走了

Luka Dončić

属于东契奇的 2019 年结束了，2020 年伊始，东契奇的“火热效应”还在延续。全明星首轮投票结束，东契奇竟然以 1073957 票，超越詹姆斯、“字母哥”、伦纳德等顶级巨星，成为全明星首轮票王，这对于一名二年级新生而言，是一个了不起的成就。

就在一切顺遂，东契奇正憧憬着 2020 年美好前景的时刻，一个晴天霹雳般的噩耗传来。

2020 年 1 月 26 日，NBA 的传奇名宿、湖人的标志性巨星、几代人的篮球偶像——科比·布莱恩特在一场直升机事故中不幸去世，这绝对是篮球史上最黑暗的时刻。

事故发生在洛杉矶以西 30 公里外的卡拉巴萨斯市郊外，坠毁的是一架西科斯基 S-76 型号的私人直升机，机中 9 人（8 名乘客与 1 名驾驶员）均不幸罹难，年仅 41 岁的科比与其 13 岁的二女儿吉安娜也在其中。据悉，科比与吉安娜原本是乘私人直升机去千橡树市的曼巴体育学院参加一场比赛，途中遭遇大雾，直升机试图飞跃高山未果（仅相差 6 米）后失控，极速降落。飞机落地后燃起大火，完全摧毁了最后的一线生机。

噩耗传出，全 NBA 都陷入沉痛的悼念中。作为科比的忠实球迷，东契奇也悲痛不已，他在第一时间说出自己的追思：“这不是你！‘R.I.P. 曼巴’，感谢你为我展现的所有！感谢你为这个世界所做的一切！”早在 2018 年 8 月，东契奇就晒出过他和科比在训练营的合照，那时候他简直就像个初见偶像的“小迷弟”。

2019 年 12 月 31 日，独行侠对阵湖人，东契奇与科比更是有着一次亲切交流。

那场比赛，东契奇和詹姆斯的巅峰对决自然是场上的焦点。而科比亲自驾临斯台普斯中心，为湖人加油，也成为场下最引人注目的“风景线”。自从退役之后，科比就很少光顾斯台普斯，这次亲临现场，也是想看看东契奇这位“新人王”的风采。

东契奇与詹姆斯的个人实力几乎不分伯仲，然而独行侠与湖人这两支球队的水平却

有高下之分。首节战罢，湖人领先 6 分，之后持续扩大比分。虽然独行侠在东契奇的带领下组织了多次反击，但最终，詹姆斯率领湖人取得这场焦点之战的胜利。

湖人占据胜势，在场边观战的科比因此心情大好，甚至与比赛中的东契奇交流起来。

在第三节的一次边线发球时，东契奇听到身后传来一句斯洛文尼亚语的“问候”，他转身望去，看见了科比带着二女儿吉安娜坐在场边。彼时的科比面露笑容，东契奇也很快回报微笑，主动与科比握手示意。

比赛结束后，东契奇主动找到科比拥抱致意。科比的二女儿吉安娜看到东契奇也赶过来要求合影，科比索性扮演起摄影师。拍照结束后，科比再次和东契奇拥抱致意，并主动脱下帽子表达对东契奇的赞赏，还风趣地说：“我希望你换了鞋子之后，还能打得这么好。”东契奇此前经常穿科比的球鞋打球，不过他在签约 Air Jordan（空中飞人）后就不能再穿了。

东契奇本以为这是与偶像的一次平常邂逅，没想到竟成为彼此最后的会面。短短不到一个月的时间，似乎就在昨日还与他嘘寒问暖的“偶像”，竟然因为一场意外事故，与他从此天人永隔。

02 77

怀念偶像

Luka Dončić

2020年1月28日，独行侠客场挑战雷霆，这是东契奇在科比离世后参加的第一场比赛。

化悲痛为力量！众所周知，科比是一位极度渴望胜利的球员，所以参赛的双方都想用一场胜利来致敬这位已故的传奇。

比赛打响之后，两支都希冀一场胜利的球队开始了强悍的防守，导致双方在得分效率上一度惨不忍睹。这场令人窒息的防守大战，最终以独行侠的胜利而告终。东契奇在此役得到29分，并在“第一控卫”克里斯·保罗面前送出11次助攻。

此外，东契奇对科比的思念之情，在这场比赛的点滴细节中得以体现。他出场33分钟，投篮24次，“33”和“24”分别是科比在高中与湖人的球衣号码，他用这种特殊方式向科比致敬。东契奇还在这场比赛穿上科比的战靴，并在球鞋侧面专门标注了“RIP KOBE #8 #24”以及那场空难中所有遇难者的名字。

比赛结束后，东契奇谈起科比，不无感伤地说：“当我开始接触篮球的时候，科比和詹姆斯是我最崇拜的球员，我真的很尊敬他们。就在不久前，我还与科比近距离地交谈过，本以为未来会有更多的那种相聚，很可惜，再也无法遇见科比了。”

东契奇还希望独行侠将科比的24号球衣退役，以表达尊敬和缅怀。他的提议第一时间得到了老板库班的响应，这位真性情的老板发表声明：“独行侠将会退役24号球衣，

科比的球衣将在达拉斯美航中心球馆的上空永远飘扬。”

东契奇对科比的尊敬和喜爱是发自内心的，哪怕时过境迁，他依然怀念那曾为全世界的孩子打开“篮球之门”的“黑曼巴”。

科比逝世的沉痛余波还未散去，全明星赛就到来了。东契奇是最炙手可热的联盟新星，也是全明星票选的首轮票王，这位二年级新生首次入选全明星首发阵容。

入选全明星对于东契奇来说是值得高兴的事，但科比的离去令他久久不能释怀。对于整个 NBA 而言，失去“黑曼巴”都是一个巨大损失，无论是从精神层面还是从现实意义上。为了纪念科比，从 2020 年的芝加哥全明星赛起，全明星 MVP 奖杯更名为“科比 · 布莱恩特杯”。

在 2020 年全明星赛上，东契奇面对媒体回忆初次遇见科比的情形：“现场能感受到这位巨星无与伦比的亲和力。”东契奇觉得那个瞬间美妙极了，永远不会忘记。

“科比激励了每个人，不仅是在篮球领域，他激励了世界上的很多人，我们会想念他。”东契奇说道，“科比、‘曼巴精神’、《亲爱的篮球》，值得一辈子去铭记。”

03

全明星盛宴

Luka Dončić

虽然科比的离世让人心碎，但还有篮球。

从 2020 年 2 月 15 日起，到接下来的三天，东契奇完全沉浸在全明星盛宴之中，充分享受篮球的快乐，因为他知道，天上的科比也希望如此。

2 月 15 日，芝加哥全明星周末的第一天，全明星新秀赛如期举行。代表世界队出战的东契奇开启了他的“SHOWTIME 时刻”。上半场结束前的最后一攻，东契奇把球运到中线附近，面对美国队特雷·杨的防守，突然投出了一记超远三分，竟然压哨命中。

这记半场超远三分引得现场一片欢呼。东契奇与特雷·杨也相拥而笑，这对 2018 届的“绝代双骄”定格出一幅经典画面，就像“大鸟”与“魔术师”、科比与艾弗森、詹姆斯与安东尼这些“同届双骄”一样，彼此巅峰对抗，彼此成就更好的自己。

虽然东契奇最终交出的 16 分、5 次助攻的答卷并不起眼，而他代表的世界新秀联队也以 131 比 151 败给美国新秀联队，但作为一场娱乐秀，东契奇玩得还挺开心。

2020 年芝加哥全明星赛全程充满了向科比致敬的元素，从新秀赛、三分大赛、扣篮

大赛开始，频频出现致敬科比的画面，而到了第三天的正赛，致敬活动达到高潮。

2 月 17 日，全明星正赛拉开帷幕。这次全明星正赛为了致敬科比，也变更了一些规则：前三节分别计分，比出胜负；到了第四节，率先得到目标分（前三节总得分高的一方的分数再加 24 分）的队伍获胜，没有时间限制。正是因为新颖别致的赛制，还有登场球员心怀致敬科比的信念，这次全明星正赛才会如此精彩纷呈。全明星球员们也仿佛是在用这样的方式告诉科比，“曼巴精神”已经深深扎根在每个人心里。

最后一节堪比总决赛级别的攻防大战足以让球迷们大饱眼福，那种死战不休、浴血鏖战的“曼巴精神”时刻激励着参赛的双方。最终，勒布朗·詹姆斯队凭借戴维斯在关键时刻的罚球绝杀赢得胜利。伦纳德全场砍下 30 分， 捧得科比·布莱恩特杯。

在这场“神仙打架”的全明星大战中，初次登场的东契奇只出场了 18 分钟，得到 8 分、4 次助攻。更多时候，他成为观战助威的“吃瓜少年”。虽然这与球迷们的期待有些落差，但从东契奇脸上洋溢的笑容来看，他显然充分享受这场比赛。

比赛最后时刻，身为首发的东契奇被按在板凳上，接受采访时他说：“在板凳上观看这样一场巅峰之战的感觉特别好，那是非常棒的时刻，大家也都打得很尽兴！”

对于东契奇来说，能如此近距离观摩这个星球上最好的球员们如何打球，是一个绝佳的学习机会。全明星赛只是一场篮球娱乐的狂欢，总冠军才是他追求的最终目标。

全明星的“老家伙们”都很喜欢东契奇，保罗对这位后辈更是不吝溢美之词：“我是他的忠实粉丝，毫不夸张地说，我会看卢卡的每一场比赛。”

04 11

因为新冠而停摆

Luka Dončić

2020 年芝加哥全明星周末过后，东契奇火线归位，率领独行侠向季后赛发起冲击，一路连胜魔术、森林狼、马刺。在与马刺的比赛中，东契奇得到 26 分、10 个篮板、14 次助攻，他那全能而又强悍的表现，让马刺这样的老牌劲旅都骇然。

此后，独行侠面对热火、公牛、鹈鹕等中游球队，几乎胜负各半。即便如此，东契奇率领独行侠牢牢占据西部前八的一个席位，挺进季后赛指日可待。

然而，2020 年注定是多灾多难之年，科比离世不久，新冠病毒在美国肆虐开来，连 NBA 这方“净土”也未幸免。爵士中锋鲁迪·戈贝尔率先被检测出感染新冠病毒，随后又有多名 NBA 球员也被感染。

2020 年 3 月 12 日，迫于安全等多方面考虑，NBA 正式宣布 2019/2020 赛季无限期停赛，等待疫情形势明朗后再做复赛安排。

消息一出，联盟上下轰动。不过，这一举措也在情理之中，毕竟在汹涌袭来的疫情面前，人类的渺小已经暴露无遗，必须用最坚决的手段，去抗击凶残的病魔。

面对赛季停摆，球星们纷纷表达遗憾之情，东契奇如是说：“无法形容，2020 年当真是糟糕的一年。注意安全，兄弟们，保护好自己。”

事实上，联盟的决策可谓是明智之举。截至 2020 年 6 月底，就已有 25 位球员感染上新冠病毒，如果当时联盟坚持比赛，后果简直不敢想象。

东契奇的 2019/2020 赛季奇幻旅程也因此被迫按下了暂停键。彼时已经为独行侠出战 54 场常规赛的东契奇，在场均 33.3 分钟的出场时间里，能够贡献 28.7 分（联盟排名第 6 位）、9.3 个篮板（联盟排名第 19 位）、8.7 次助攻（联盟排名第 4 位）以及 1.1 次抢断，投篮命中率 46.1%、三分命中率 31.8%、罚球命中率 75.2%。

在 MVP 评测中，东契奇也凭借这样的优异表现，暂列第三位，紧随“字母哥”和詹姆斯之后。更有专家指出，东契奇给予独行侠的贡献甚至是前两位也无法比拟的，2020 年的常规赛 MVP 落入这位斯洛文尼亚新星手中，也是实至名归。

AMERICAN
CENTER
MAVS
77
DAL SAS
ASSISTS
OFF REBS
DEF REBS
TOT REBS
TO
STEALS
Pizza Hut
Walmart
Uber
Uber
Uber
Uber
TISSOT
MAVERICKS 18
42

第十二章
劫后重生

01 11

悠长的假期

Luka Dončić

NBA 进入停摆阶段，球员们获得了一个无限期的悠长“假期”，一下子变得百无聊赖，由于新冠疫情肆虐，只能选择宅在家打游戏或者自行训练。

本来就痴迷电脑游戏的东契奇当然不会错过这样的“假期”，他在家中彻底“活”在电脑游戏的世界里，而且还有爱犬相伴。值得一提的是，东契奇最喜欢打 FIFA 系列的足球游戏，而非篮球游戏。自幼成长于足球氛围浓厚的欧洲，让东契奇将足球视为“最初的爱”，如果不是受身高所限，他很可能成为一位出色的足球明星。

自幼的足球训练，让东契奇拥有出色的视野与大局观，从而能够在篮球场上成为一名卓越的指挥官，这一点有些像纳什。

虽然东契奇还是个孩子，喜欢吃零食、打游戏，但他更是一位职业球员，知道保持高水平的竞技状态的重要性。所以这样“颓废”的日子没过多久，东契奇就开始积极训练，为 NBA 的复赛做准备。他每天会进行 1—2 次训练，包括力量、体能、运动能力以及投篮训练，体能师也会实时监测他的身体状况。

2020 年 6 月初，NBA 终于传来复赛的消息，复赛的地点选定于奥兰多的迪斯尼乐园。7 月 22 日至 28 日为 7 天的预热赛，8 月 1 日正式复赛。NBA 的 22 支球队奔赴奥兰多，争夺东西部前 8 名的最后名额。8 月 17 日进行季后赛，季后赛将依然采用 7 场 4 胜制的比赛规则。

所有参加复赛的 NBA 球员都集中隔离在迪斯尼的 18 家酒店里，所有球员每日还要进行核酸检测，如果发现多人感染新冠病毒，NBA 将面临再次停摆的风险。对于这种与世隔绝的比赛方式，东契奇表示很适应，这和之前在欧洲打比赛时一样，所有球队都在一家酒店里，他已经习惯了，与队友们在一起更其乐融融。

在 NBA 停摆之前，这位二年级“新人王”率领独行侠打出 40 胜 27 负的优异战绩，排名西部第 7 位。东契奇对此并不满意，他想赢下复赛后的所有 8 场比赛，争取以更高的名次挺进季后赛。

DOPE
CEV

02 77

复赛“过山车”

“理想很丰满，现实很骨感。”

2020年8月1日，复赛首场，独行侠对阵休斯敦的球队，东契奇砍下28分、13个篮板、10次助攻。然而，即便他豪取“三双”数据也难阻球队失利。

两天后，独行侠对阵太阳，在最多领先15分的情况下，独行侠在第三节后半段被太阳打出一波进攻流反超比分。最终，独行侠以115比117不敌太阳，遭遇复赛两连败。此役，东契奇20投11中，独得40分，并贡献8个篮板、11次助攻，整场比赛他博得19次罚球。虽然得到漂亮的数据，却无法率队取胜，东契奇决定用实际行动改变这一窘境。

此时，好消息也及时传来，由于此前灰熊惜败给马刺，让独行侠提前锁定了季后赛席位，达拉斯人时隔4年重返季后赛舞台。

2020年8月5日，独行侠迎战国王，经过加时赛的鏖战，独行侠最终以114比110战胜对手。东契奇24投12中，得到34分、20个篮板、12次助攻的特大号“三双”。在他出色的调度下，独行侠三军用命，波尔津吉斯与小哈达威都得到22分，多里安·芬尼–史密斯也得到16分、16个篮板的“两双”数据。

值得一提的是，21岁零158天的东契奇成为NBA历史上最年轻的“30+20+10”先生。1970年4月13日，22岁零362天的“天勾”贾巴尔曾打出38分、23个篮板、11次助攻。东契奇在年龄上打破了贾巴尔保持50年的纪录。

但是，战胜国王两天后，独行侠又以111比126负于快船，东契奇的球队始终没能取得连胜。

03 11

新王归位

Luka Dončić

2020 年 8 月 9 日，独行侠对决雄鹿。此战之前，东契奇入选本赛季进步最快球员候选榜单。东契奇在 2019/2020 赛季的场均得分比上赛季多达 8 分，他的场均篮板与助攻数据也都有显著提升。但更重要的是，东契奇以其卓越的带队能力已跻身准 MVP 的行列中，所以他对于 MIP（进步最快球员）的奖项并不太感兴趣。

“字母哥”扬尼斯·阿德托昆博率领雄鹿已经取得联盟第一的战绩，他们的实力显然比独行侠更强。此战可谓一波三折，双方战至加时赛才分出胜负。最终，独行侠掀翻雄鹿。本场比赛，东契奇 24 投 12 中，拿到 36 分、14 个篮板、19 次助攻，这是他本赛季的第 17 次“三双”，职业生涯的第 25 次“三双”。凭借此次“三双”，东契奇提前荣膺了本赛季的“三双王”。

自此，“未来第一人”逐渐成形。复赛后的东契奇让 NBA 再一次认识到了他的天赋。复赛后，东契奇场均可以拿到 34 分、13.7 个篮板、11 次助攻的豪华“三双”数据。试问，在东契奇这个年纪，NBA 历史上有谁如此全能？即便是 21 岁的詹姆斯、乔丹，也没有取得过如此全面而又显赫的数据。

对于独行侠来说，他们用 3246 万美元签下与东契奇的 4 年合约，性价比实在太高了。20 岁的年纪、30 岁的技术、40 岁的球商，竟然完美地融合在东契奇一人身上。

“东契奇无法适应 NBA 的强度”的论调还甚嚣尘上，这位斯洛文尼亚天才球员就以“光速”刷新着各种纪录，顺便刷新着人们的认知。

2019/2020 赛季常规赛结束，东契奇场均得到 28.8 分、9.4 个篮板、8.8 次助攻的华丽数据，并率领独行侠取得 43 胜 32 负的优异战绩，排名西部第七。

2020 年 8 月 18 日，21 岁的东契奇首次踏上 NBA 的季后赛之旅，由于独行侠在常规赛排名西部第七，所以他们对阵排名西部第二的快船——一支由上届总决赛 MVP 科怀·伦纳德与顶级小前锋保罗·乔治领衔的“虎狼之师”。

04 77

首次季后赛之旅

Luka Dončić

2020年8月18日，独行侠与快船的季后赛第一战，也是东契奇的季后赛首秀。波尔津吉斯领到第二次技术犯规被罚出场，失去“擎天柱”的独行侠以110比118不敌快船。虽然首战失利，但东契奇独得42分，成为NBA季后赛首秀战中第一位得分超40分的球员。

8月20日，独行侠与快船的季后赛第二战。虽然首战失利，但年轻的独行侠嗅到一丝取胜的良机。此战，波尔津吉斯火线归位。最终，独行侠以127比114击败快船，这支球队终于时隔1586天再次拿下季后赛胜利。上一场季后赛胜利还要追溯到2016年4月19日，那个时候他们还叫达拉斯小牛。此役，东契奇得到28分、8个篮板、7次助攻。

8月22日，独行侠与快船的季后赛第三战，年轻的独行侠遭遇快船凶悍的反扑。素有“机器人”之称的伦纳德祭出单打绝学，24投13中，砍下36分，率领快船最终以130比122击败独行侠，拿到第三场的胜利。此役，东契奇虽然拿到13分、10个篮板、10次助攻的个人首个季后赛“三双”，但14投4中的命中率显然不足以撑起胜局。

时间来到2020年8月24日，独行侠与快船的季后赛第四战，一场注定要永载史册的“封神之战”终于上演。东契奇已经在无数场比赛中证明过自己的强大，但他还需要在季后赛的舞台上奉献一台大戏，从而证明自己的伟大。

第四战开赛在即，波尔津吉斯却因为右膝酸痛而临场缺阵，东契奇不得不“单核”率队迎战强大的对手。上半场，独行侠一度落后对手21分，如果他们输掉这场比赛，快船将率先拿到赛点。

此役开始，快船一路领先，中场战罢，快船与独行侠的比分是66比58。

下半场，东契奇率领独行侠继续追击快船，打出了一波17比7的进攻高潮。三节战罢，独行侠逆风上扬，以93比85反超比分。最后一节快船发起凶猛反攻，双方在常规时间结束时战至121平，比赛进入加时赛。

加时赛，伦纳德率先得分，双方互有攻守，比赛最后还剩9秒，快船仍以133比132领先独行侠1分，眼看胜利在望。此后，独行侠进攻，雷吉·杰克逊对东契奇犯规，比赛还剩3.7秒，独行侠仍然落后1分。就在此时，东契奇在弧顶左侧接球，面对雷吉·杰

克逊的紧逼防守，他在三分线外近2米处果断出手，压哨命中一记后撤步三分！凭借此球，独行侠以135比133险胜快船。

这是东契奇第一次命中NBA季后赛绝杀，而这记制胜球也成为他这场光芒万丈的“封神之战”的闪亮注脚。全场比赛，东契奇31投18中，得到43分、17个篮板、13次助攻，砍下特大号“三双”。在波尔津吉斯缺阵的情况下，东契奇独自率队实现大逆转。

自此，东契奇成为NBA季后赛历史上命中绝杀三分最年轻的球员，也是第二位在季后赛拿下至少40分，同时投进绝杀三分的球员，在他之前的是迈克尔·乔丹。

四番战罢，独行侠与快船战成2比2平，东契奇也展现出丝毫不逊于总决赛MVP伦纳德的实力。接下来的比赛，如果波尔津吉斯能披挂上阵，那么他与东契奇双星合璧，也许会率领独行侠掀翻快船，然而没有如果……“波神”因伤缺阵，独行侠连输两场，最终以2比4不敌快船，止步季后赛首轮。

东契奇的首次季后赛之旅虽然不完美，但足够惊艳。他季后赛场均得到31分、9.8个篮板、8.7次助攻，有2场砍下“三双”，并奉献一记精彩绝伦的三分绝杀。而他才21岁，只是个二年级新秀，第一次参加NBA季后赛。

出道即成名，并且还远未到达职业生涯巅峰，东契奇的未来强大到令人无法想象。

对于很多年轻球迷而言，没有亲眼见证过乔丹、科比和詹姆斯这些划时代球员的成长是一种遗憾。但幸运的是，这些球迷等到了东契奇的到来……

MAVS
77

攻守道

东契奇十大必杀技

①

后撤步跳投/灵蛇反弓吐毒信

东契奇只是一位20岁出头的新星，却有着“老球痞”的稳健与狡黠。他的投篮“绝活”之一就是后撤步跳投。他与哈登一样都是节奏大师，能敏锐洞察防守球员的漏洞，随时用后撤步跳投来得分。

虽然后撤步跳投是一种常规的得分手段，但并不简单。后撤移动中，球与篮筐的距离很难把控，并且非常考验球员的平衡和抗干扰能力，能将其运用到炉火纯青者寥寥无几，在NBA中也只有哈登比东契奇更擅长此技。

后撤步跳投一般用于一对一单打，后撤步闪出投篮的空间与角度，然后在防守者封盖前迅速出手，在电光石火间要调整好投篮的节奏、重心、手感、力度、准星，一切都要拿捏得恰到好处。

东契奇喜欢使用后撤步跳投，尤其是在投三分时，后撤步跳投成了他的常规武器，甚至比直接投篮更加有效，他有超过一半以上的三分球使用后撤步跳投。东契奇投三分时后撤得很远，即便如此，他依然能保持超过30%的命中率。

东契奇已经是历史级别的得分手，虽然他没有顶级的运动能力，但对手就是无法阻止他得分，后撤步跳投就是他取得高分的利器。

DALLAS
77
5

MAVERICKS

DONČIĆ
77
DOTSON
21
NEW YORK
14

② 突破分球 / 心有灵犀御万军

东契奇拥有强大的持球突破得分能力，这令对手在他突破时必须重兵布防。他持球突破搅乱对手防线后，可以分球到弱侧的外线射手，也可以突破到篮下后传给空切的队友，被“喂饼”的球员能从容得分。

东契奇拥有顶级的篮球智商与球场视野，能在瞬息间勾勒出完美的传球路线。良好的大局观让他能轻松找到位置更好的队友，这一点和詹姆斯如出一辙。

GRANT
9
Airlines
PTS REB AST
DAL DEN
Pizza Hut
Walmart
ServiceKing Collision
a fast brake.

TOYOTA
9:40
6

Ford
JONES
15
77

DALLAS
77

DALLAS
77

NEW ORLEANS
1
HOLIDAY
11
FAVORS
22
SPALDING
@NBA

3

运球突破 / 迷踪变向难预测

早年效力皇马征战欧洲篮坛时，东契奇就能通过娴熟的运球变向轻松过掉对手。那时的他还是一位身材清瘦的篮球少年，他运球如风，突然启动晃过防守者时竟然有几分艾弗森的风采。

进入 NBA 之后，身材逐渐“圆润”的东契奇，虽然没有速度与爆发力的绝对优势，但依然能够凭借节奏、经验，轻松运球突破对手。

在强大的投篮得分能力加持下，他的变向突破也变得极具威胁。2019/2020 赛季，东契奇场均突破 18.4 次，场均突破后出手 6.7 次，命中率达到 68.8%。如果计算运球突破制造得分，东契奇场均能得到 11.6 分，仅次于哈登（16 分）和欧文（11.9 分）这两位突破大师。从综合效率和频率来说，东契奇可以称得上是 NBA“新生代”中的“突破第一人”。

11
postnord
Adecco
molten

4

传球调度 / 指挥若定坐中军

作为一名纯欧洲打造的持球小前锋，东契奇在比赛中对于进攻的梳理以及对于篮球的掌控都属于 NBA 顶级水平，他总能传出令人叫绝的好球。

东契奇有着广阔的篮球视野、俯瞰全景的大局观。他胸有丘壑，运筹帷幄，是不可多得的帅才。

作为顶级摇摆人，东契奇的场上视野及大局观堪比詹姆斯，他能洞悉对手的防守漏洞，在最恰当的时机把球传给处于最佳位置的队友。无论是背传、击地传球，还是不看人传球，他都能驾轻就熟。职业生涯至今，东契奇的场均助攻数超过 7 次。

东契奇身高 2.01 米，拥有组织型小前锋的标准身材，他犹如指挥塔般调度着球队的进攻，并随时可以亲手送上致命一击。

chime
MAVERICKS
77

5

突破上篮 / 剑似流星走偏锋

面对防守者，东契奇通常是先俯身运球，然后急停，持球后一个“拜佛”，用假动作晃过防守者，直达篮下，最后上篮得分。他突破时并不依赖速度强吃对手，而是用节奏、频率、方向等变化，加上佯攻的假动作，就能把防守者晃得“七荤八素”，然后一骑绝尘，直达篮下。

突破到篮下后，东契奇有无数种上篮得分的方式。他既可以像詹姆斯那样，通过身体力量限制对手，然后上篮（挑篮）得分；也可以如库里一般，闪转腾挪躲避封盖，用“小勾手”投篮得分。

东契奇有着顺滑柔和的手感，也有瞬息间亮剑的勇气。“敌虽千万，吾亦独往矣。”这一点，他又让我们想到了科比。

MAVS
77
CLIPPERS
13
CLIPPERS
19
bumble

LAKERS
23
DONČIĆ
77
SPALDING
NBA
NBA TV

CENTER
Ford
TEXAS
FORD
DEALERS
MAVS
77
15
MAVS
42

6

飞身扣篮 / 炸裂天空如霹雳

东契奇不是那种飞天遁地型的球员，但这并不妨碍他用扣篮来得分。

在球场上，扣篮如战鼓、似惊雷，能震慑对手，也能激发队友。作为球队的领袖，东契奇希望能用飞身暴扣来振奋士气。

东契奇的控球能力极强，足以突破任何人的防守。而突入篮下后的扣篮更是雷霆万钧，他的扣篮将速度、力量完美地结合在了一起。

7
Teka
AIRLIN

MADISON SQUARE GARDEN
CHASE
NEXT PLAY
SPALDING
NEW YORK

⑦ 拼抢篮板 / 怀中抱月揽乾坤

东契奇拥有不错的拼抢篮板能力。2019/2020 赛季，他场均能摘得 9.3 个篮板以及超过 1 个前场篮板，这是一个中锋的篮板水准。东契奇对于篮球路线有着精准的预判，他能在篮下卡住身位，抢下篮板。

在比赛中，东契奇强力的突破经常把防守球员撞出他的投篮路线。如果在篮下投篮不进，他也有机会拿下进攻篮板后，迅速发起补篮得分。

挡拆进攻 / 以枢应环破强敌

⑧

东契奇习惯利用挡拆发起进攻，这也体现出他睿智的一面。他深谙挡拆奥妙，并且拥有娴熟的控球技巧、出色的传球能力、高超的投篮水平，这些让他在运用挡拆时游刃有余。

在与队友配合挡拆时，无论防守球员是否上前阻挡，他都能很好地组织己方的进攻，串联助攻队友，给对手致命一击。如果对手选择两人上前夹击，东契奇可以将球从缝隙中传给顺下的队友；如果对方不采取夹击，他可以选择中距离投篮或者突破上篮得分。

东契奇场均使用挡拆的次数多达 10.3 次，每次挡拆能够拿下 1.16 分，每场利用挡拆可以拿下 12 分。作为一个二年级球员，这一水准相当惊人。

独行侠一直以来都是全联盟最擅长打挡拆的球队，加之队中有最适合打挡拆的内线球员——波尔津吉斯，因此，东契奇挡拆效率高也不意外。

DONČIĆ
77
MAVERICKS
6
CAV
1

9 抢断封盖 / 遮天蔽日灵机断

东契奇曾在新秀赛季的一场比赛中连续两次封盖詹姆斯，令天下球迷啧啧称奇。虽然东契奇的运动能力并不出众，但他依然能够凭借精准的预判以及积极的跑动，来弥补防守端的不足。他的封盖宛如惊雷乍起，以其出色的突然性、隐蔽性，令对手猝不及防。

此外，东契奇在场上还有一种“拼命三郎”的劲头，这也体现在抢断上。他在场上能瞬间预判对手的传球路线，随即闪电出手断球。东契奇可以场均贡献超过 1 次抢断，足见其不俗的断球能力。

10 篮球智商 / 运筹帷幄算神机

东契奇的智商超群。当大多数的 NBA 球员还在下跳棋时，他已经精研国际象棋了。复杂缜密的国际象棋让东契奇拥有了“天神”的视角与思考。而从幼年起，就有被迫与年龄大的对手比赛的经历，也让东契奇懂得运用头脑与智慧来打败对方。

年少老成、身经百战的东契奇似乎拥有异乎寻常的场上直觉，他似乎能预判防守球员的下一步行动，然后以此判断是否提前出击。

东契奇出色的篮球智商在 NBA 中出类拔萃，良好的大局观让他在场上随心所欲，淡定从容。

东契奇在场上能够清晰地阅读比赛，有条不紊地执行战术，偶尔还会创造出灵光乍现的“神来之笔”。

关于东契奇的篮球智商，独行侠当年的夺冠功臣、上一代高智商球员的杰出代表贾森·基德评价道：“我认为他是一个很出色的球员，要知道他还很年轻。他对于比赛的嗅觉和打法，总在他掌控当中。我认为他真的懂篮球，并且拥有超高的篮球智商。”

TOSHIBA
TOSHIBA
23

chime
MAVERICKS
77

PORZINGIS
6
chime
MAVS
77

伴君行

东契奇七大影响人

东契奇七大影响人

LUKA DONČIĆ & MIRJAM POTERBIN

①

东契奇和母亲

米尔亚姆·波特宾是东契奇的母亲，她曾经是一位出色的跨栏运动员、国家级舞蹈家、顶尖模特，如今她是 NBA 最美的辣妈。

她生于 1976 年 4 月 7 日，如今已经 40 多岁的米尔亚姆依然气质高雅、容貌出众。在 2018 年选秀大会上，米尔亚姆的迷人风采令人倾倒。东契奇的高颜值遗传了他的母亲，一同遗传的还有独立坚强的性格。

东契奇的父亲沙萨·东契奇曾是斯洛文尼亚国家男子篮球队的一员，曾与德拉蒂奇做过队友，东契奇的篮球基因显然遗传于父亲。

在东契奇小时候，父母就离婚了，米尔亚姆毅然选择了独自抚养小东契奇。为此，米尔亚姆开起了美容院，努力赚钱让爱子踏实地走上篮球之路。而东契奇为了回报母爱，在篮球场上更加勤奋与刻苦地训练。东契奇 13 岁就远赴西班牙加盟皇马篮球青训营，此后母子分开 3 年。米尔亚姆对此一度非常难过，但为了儿子有更好的发展，她不得不接受现实。

从皇马的天才少年，到欧洲篮坛的“小天王”，再到 NBA 的希望之星，东契奇一路走来都有母亲的细心陪伴。如今，米尔亚姆更是定居在达拉斯，只为能天天守护在爱子身边。

如今的东契奇可谓大红大紫，米尔亚姆作为母亲感到由衷的骄傲。米尔亚姆喜欢到 NBA 球迷商店买东契奇的球衣留存纪念，而当她看到东契奇的球衣因为太受欢迎而告罄时，心中充满了幸福的烦恼。

NBA

东契奇和卡莱尔

②

2020 年 8 月 9 日，独行侠以 136 比 132 击败雄鹿。赛后，独行侠主教练里克·卡莱尔接受采访，谈到爱徒东契奇时，一向严谨的老帅丝毫不吝惜溢美之词。

“他不仅在进攻时清楚地知道每个人的位置，甚至在防守时也是一样，他是这方面的专家。我曾经和拉里·伯德当过队友，他就是这样能洞悉一切的人，我有幸能够执教像伯德一样的东契奇。”

此役，东契奇 24 投 12 中，砍下 36 分、14 个篮板、19 次助攻，率领独行侠通过加时赛击败了排名联盟第一的雄鹿。

“千里马常有，而伯乐不常有。”作为战术大师，卡莱尔力排众议，确立了以东契奇为核心的独行侠新战略，那时的东契奇不过是一位刚过 20 岁生日的毛头小伙儿。如今，东契奇大放异彩，独行侠也顺风顺水地从“德克时代”过渡到“东契奇时代”。这位儒雅而温和的老帅正满怀欣慰地默默注视着这一切，他才是达拉斯人拥有的最大幸运，他也是东契奇的伯乐。

卡莱尔无愧为一代名帅，考虑到东契奇善于挡拆、视野开阔、传球能力出色等优势，他让场上其他球员减少持球，专心完成进攻终结或者二次传球。

卡莱尔在东契奇 NBA 生涯的第二年就

围绕他搭建体系，东契奇在这个体系中拥有绝对的球权和“无限开火权”。

2019/2020 赛季，卡莱尔一共实验了八组首发阵容，核心都是东契奇。让东契奇作为指挥官分配球权，进攻变得简单而且高效。

东契奇能如此快速地进入“巨星开挂模式”，与卡莱尔的倾心培养密不可分。

东契奇七大影响人

LUKA DONČIĆ & DIRK NOWITZKI

③

东契奇和诺维茨基

“来自欧洲”“达拉斯”“NBA 选秀夜交易”“19 岁”这些词语让人想到了谁?相信绝大多数球迷都会脱口而出“诺维茨基”，但如今，这些词属于两个人——东契奇和诺维茨基。

诺维茨基和东契奇都来自欧洲，其中诺维茨基来自德国，东契奇来自斯洛文尼亚。诺维茨基在欧洲联赛上没有夺得过重量级的奖项，他在年少时期一直都是网球选手，后来才转行篮球。

在诺维茨基职业生涯的最后一季，东契奇以独行侠新领袖的身份，与诺维茨基完成了权杖交接。

在告别“诺天王”的首个赛季，东契奇就率领独行侠打入季后赛。尽管方式不同，但诺维茨基和东契奇有一个地方非常相似，他们同样富有创造力和统治力。

诺维茨基在效力小牛（独行侠前身）的第三个赛季，首次入选最佳阵容，而东契奇有望在 NBA 生涯第二个赛季，就获得最佳阵容的青睐。

诺维茨基此前曾在达拉斯上演“一人一城”的传奇，并跻身 NBA 历史上最伟大球员之列。而今，独行侠希望同样的戏码能在东契奇身上重演。

④ 东契奇和科比

东契奇最喜欢的 NBA 球星就是科比和詹姆斯。当东契奇第一次在斯台普斯中心见到科比时，“黑曼巴”已经退役，坐在场边观战的科比居然用斯洛文尼亚语的“垃圾话”问候东契奇。

“这太疯狂了，他居然用我的母语说。”东契奇表示，“我会永远记得那个瞬间，那句话没有丝毫恶意。”

东契奇是科比二女儿吉安娜喜欢的球星之一，吉安娜还喜欢特雷·杨。

2019 年 12 月 30 日，湖人主场对阵独行侠，科比陪着吉安娜来到现场看球。赛后，吉安娜还与东契奇合影，脸上洋溢着见到偶像的幸福感。科比与东契奇也一起合影留念。值得一提的是，科比在合影时摘下帽子，通过“脱帽”以示对晚辈的器重，细节令人感动。

短短 20 多天以后，科比和吉安娜都因坠机事件而离开人世。东契奇闻讯后异常悲痛，久久不能释怀。

“科比不仅对我而言非常重要，他也激励了每个人，他拼搏努力，为篮球这项运动倾注了一切，他在场上的表现不可思议。科比的影响力超越了篮球领域，我们会想念他。”东契奇含泪说出万千“科蜜”的心声。

LAKERS.C

⑤

东契奇和詹姆斯

同样是21岁的年纪，同样是进入联盟的第二个赛季，A球员：27.2分、7.4个篮板、7.2次助攻；B球员：28.7分、9.3个篮板、8.7次助攻。从数据上看，B球员似乎更像是A球员的升级版，但如果我们再结合两份数据的发生年份——2005年和2020年，就可以将因为时代不同所产生的数据误差抹掉，从而得出一个大致的结论：这是一个同类型球员的镜面。

勒布朗·詹姆斯和卢卡·东契奇，正是A球员与B球员。“从他的体型、持球能力和组织能力来看，我感觉他很像詹姆斯，个头很高，视野很棒，能传出各种各样的球。”塞斯·库里给出了东契奇队友视角的点评，“虽然东契奇没有詹姆斯那样的运动天赋，但他投射更好，所以我觉得他们的比赛方式很像。”而湖人球员贾里德·杜德利则给出了詹姆斯队友视角的观点：“东契奇会让一些明星球员愿意和他一起打球，他身上有着詹姆斯的特质，是最无私的超级球员之一。”

显而易见，东契奇几乎就是一个欧洲版的詹姆斯。而抛开那些个人进攻上的细微差别，两人在阅读比赛及串联全队方面的造诣都具有惊人的一致性。

这一切的神似，都源自东契奇本人从小便视詹姆斯为偶像。“我小时候看了他的很多比赛，如今我仍然仰慕他，小时候他就是我的偶像，现在仍然是我的偶像。”詹姆斯的技术风格和比赛模式，深深地影响了东契奇的篮球之路，虽然他从小耳濡目染欧式篮球的套路，但他掌控比赛的方式却有十足的“詹姆斯范儿”。

如今，东契奇正在追平甚至刷新同时期詹姆斯的一系列纪录，而且其中一项纪录足以让前辈们佩服得五体投地。21岁之前，东契奇的“三双”次数达到21次，这项数据是“魔术师”约翰逊、詹姆斯、拉玛尔·奥多姆、克里斯·保罗、朗佐·鲍尔和安托万·沃克在21岁前的“三双”次数总和。

LAKERS
14
LAKERS
23
wish

GAME
wish
LAKERS
23
SPALDING

⑥

东契奇和波尔津吉斯

2019/2020 赛季中期，为了确立东契奇的核心地位，独行侠将小乔丹、小丹尼斯·史密斯等人交易至尼克斯，换回了正在养伤的波尔津吉斯。

这笔交易虽然有些冒险，但伤愈的“波神”值得期待。独行侠瞬间拥有了东契奇和波尔津吉斯这对欧洲内外线“双核”组合，夺冠指日可待。

波尔津吉斯是如今联盟外线最有威胁的大个球员之一。2019/2020 赛季，他的三分球命中率达到了 35.7%。

独行侠最有威胁的进攻方式就是波尔津吉斯在外线为东契奇挡拆。由于身高 2.21 米的“波神”具有稳定的三分球手感，他在挡拆后既能够直插篮下，也能够拉到外线做“三分炮塔”，而东契奇的威力不用赘言。他们的挡拆配合极大地增加了对手的防守难度，令防守者顾此失彼。

独行侠从小牛时代就有着签约欧洲球员的传统，尤其在“德国战车”诺维茨基率领小牛夺得总冠军之后，老板库班对于欧洲球员有更加执着的偏爱。如今的独行侠在东契奇和波尔津吉斯这对欧洲组合的率领下，展现出比当年夺冠的小牛更强的天赋与实力，相信杀入季后赛只是他们的下限。

DALLAS
77
DALLAS
6

DALLAS

⑦

东契奇和特雷·杨

2018 年 NBA 选秀大会，老鹰和独行侠达成协议，他们将互换 3 号签和 5 号签，独行侠为此还送给老鹰一个 2019 年的首轮选秀权。

老鹰用 3 号签选到东契奇，独行侠用 5 号签选到特雷·杨，接下来二人互换东家，于是东契奇与特雷·杨就有了一段特殊的羁绊。

东契奇是欧洲天才新星，而且当时只有 19 岁，年长 1 岁的特雷·杨虽然贵为 NCAA 的得分王，但身材瘦弱，在 NBA 立足还充满不确定性。

加盟独行侠的东契奇很快就展现出自己的过人实力，其技术的全面性堪称联盟顶级，在场上完全不像一个新秀。

特雷·杨初入联盟时非常尴尬，其糟糕的投篮命中率和出手选择饱受诟病，被戏称为“杨不悔”。但随着赛季的深入，特雷·杨也渐渐找到自己的节奏，他可以从任何位置进行远投，并且有着不错的传球天分。

整个新秀赛季结束，东契奇场均贡献 21.2 分、7.8 个篮板、6 次助攻的全面表现，是继詹姆斯之后首位打出此等表现的新秀。而特雷·杨也不遑多让，场均得到 19.1 分、3.7 个篮板、8.1 次助攻，已经成长为当时东部进攻火力最强的后卫之一。二人也几乎包揽了所有的月最佳新秀奖，这是继 2003 年詹姆斯和安东尼之后首次出现这种局面。而在最佳新秀的评选中，东契奇也以微弱的优势压倒特雷·杨成功当选。

2019/2020 赛季，二人又同时取得了巨大进步。东契奇场均打出 28.7 分、9.3 个篮板、8.7 次助攻的“准三双”表现。而特雷·杨同样也展现出了极强的进攻火力，场均贡献 29.6 分、4.3 个篮板、9.3 次助攻，其场均得分位列联盟第二。

东契奇与特雷·杨也携手入选全明星首发阵容，在 NBA 生涯的第二年就能联手取得如此成就，这在 NBA 历史上也非常罕见。

这是新一代“绝代双骄”的故事，他们也代表着 NBA 的未来。

5miles
DALLAS
ATL
HAWKS

ARENA
NBA

5miles
DALLAS
77
MAVERICKS

名场面

东契奇七大经典战

东 契 奇 七 大 经 典 战

01 欧罗巴之巅

皇马天才闪耀欧洲篮球联赛

2018 年 5 月 21 日，在万众瞩目的欧洲篮球联赛决赛舞台上，东契奇砍下 15 分、3 个篮板、4 次助攻，率领皇马以 85 比 80 击败土耳其劲旅、赛事的上届冠军费内巴切，夺得欧洲篮球联赛冠军。

值得一提的是，在前一天的半决赛中，东契奇拿下 16 分、7 个篮板，率领皇马以 92 比 83 战胜莫斯科中央陆军。

19 岁的东契奇凭借连续两场“超神”的表现，荣膺了欧洲篮球联赛四强赛 MVP，他也成为这项至尊荣誉最年轻的获得者。

02 拔刺之战

得州内战扬名立万

东契奇在2019/2020赛季一开始就展现强大的统治力，但只是二年级新生的他还需要一场经典比赛来证明自己的强大，这场“得州内战”最具有说服力。

2019年11月19日，独行侠坐镇主场，最终以117比110击败马刺。东契奇拿到42分、11个篮板、12次助攻，创造自己NBA生涯得分新高。此外，20岁零263天的东契奇成为继20岁零100天的詹姆斯之后，拿下“40+三双”第二年轻的球员。

东契奇在首节就命中4记三分球，得到17分、4个篮板、4次助攻，率领独行侠以36比22领先马刺。

从第二节起，德玛尔·德罗赞率领马刺发起凶猛反扑，东契奇则带领独行侠稳住胜势。

第四节风云突变，老辣的马刺多点开花，打出一波15比5的攻击波，将比分迫近到仅差2分。此后，两队陷入胶着态势，东契奇在终场前27.7秒命中关键三分，就此终结悬念。最终，独行侠以117比110击败马刺。

东 契 奇 七 大 经 典 战

03 扬威海外

卢卡闪耀墨西哥城

2019年12月13日，NBA开启海外赛，独行侠与活塞鏖战于墨西哥城。

此战东契奇24投14中，三分13投6中，得到41分、12个篮板、11次助攻，率领独行侠以122比111轻取活塞，获得“墨西哥之战”的胜利。距离上一场对阵马刺，还不到一个月的时间，东契奇就再次取得“40+三双”的豪华数据，缔造了联盟21岁以下球员的无双壮举。

考虑到墨西哥赛的特殊性，东契奇这一战创造了两项纪录。首先，他超越了德文·布克（39分），成为墨西哥赛单场得分王。另外，他还砍下墨西哥赛历史上第一个“三双”，而且是豪华“三双”。

东 契 奇 七 大 经 典 战

04 全面爆发

“20+15+15”最年轻球员

2020年1月16日，独行侠以127比123险胜国王，东契奇全场得到25分、15个篮板、17次助攻，送出了创NBA生涯新高的17次助攻，也超越“魔术师”约翰逊，成为拿下“20+15+15”数据最年轻的球员。

东契奇已成为最炙手可热的“新人王”。在2018年选秀时，手握“榜眼签”的国王队错过了东契奇，这让他们追悔莫及。如果还有机会，他们一定会毫不犹豫地选择这位斯洛文尼亚少年。

这场比赛，全能而又强大的东契奇令国王队几乎束手无策，萨克拉门托人感觉在各方面都受到东契奇的打击。

05 “三双”之王

对阵鹈鹕加时取胜

2020 年 3 月 5 日，独行侠经过加时赛鏖战，最终以 127 比 123 击败鹈鹕。本场比赛，东契奇砍下 30 分、17 个篮板、10 次助攻，取得了他本赛季的第 14 次“三双”，超过詹姆斯（13 次），成为本赛季得到“三双”次数最多的 NBA 球员。

东契奇职业生涯取得“三双”的总场次达到 22 场，超越基德，成为独行侠队史“三双王”。基德在小牛队用了 500 场比赛拿到 21 次“三双”，而东契奇仅用 122 场就完成超越。

此外，东契奇在本赛季已经 16 次得到至少 30 分、10 个篮板，成功超越诺维茨基（15 次），成为独行侠队史单赛季砍下至少 30 分、10 个篮板最多的球员。

06 加时擒王

豪取"30+20+10"创纪录

2020年8月5日，独行侠通过加时赛的鏖战，以114比110险胜国王。东契奇砍下34分、20个篮板、12次助攻，成为队史上首位拿到"30+20+10"数据的球员，20个篮板也创其职业生涯新高。即便强悍如詹姆斯，最高篮板也不过是19个。

21岁零158天的东契奇成为NBA历史上拿到至少30分、20个篮板、10次助攻最年轻的球员，超越了奥斯卡·罗伯特森保持的纪录（23岁零12天）。

拿到"30+20+10"这样的超级数据究竟有多难？据统计，自从NBA和ABA（历史上与NBA分庭抗礼的美国篮球联赛）合并以来，这样的数据也仅仅出现过4次。

东契奇在进入NBA的第二个赛季就有如此惊艳的表现，着实让人猜不到未来他的上限在哪里。

东 契 奇 七 大 经 典 战

07 逐鹿天下

最年轻的赛季“三双王”

2020年8月9日，独行侠对阵东部顶级劲旅雄鹿。已经锁定联盟第一的雄鹿无欲无求，但他们还是将“字母哥”扬尼斯·阿德托昆博派上场，因为对面阵中有东契奇，这显然是值得重视的比赛。

这是一场激情四射的对轰大战，最终，独行侠以136比132击败雄鹿。东契奇24投12中，得到36分、14个篮板、19次助攻，三项数据均是全场最高。“字母哥”也不遑多让，26投13中，砍下34分、13个篮板。两位准MVP的直接较量，增加了这场比赛成为经典之战的筹码。

21岁的东契奇在本场比赛完成了2019/2020赛季的个人第17次“三双”，排在联盟第一，并且超越了“魔术师”约翰逊，成为NBA最年轻的单赛季“三双王”。

此外，东契奇送出19次助攻，创造了个人新高，也追平詹姆斯所创的本赛季单场助攻最高纪录。

独行侠对阵雄鹿的这场比赛可谓精彩纷呈。东契奇展现出万花筒般的得分与助攻技巧，他那如“金蛇缠丝”的内线旋进式上篮，刚柔相济、虚实难测的突破投篮，还有他在面对“字母哥”时送出的胯下击地妙传，都足以令人啧啧赞叹。

NIKE

奇侠履

东契奇七大战靴解析

21 岁的东契奇已经成为当今联盟中最受关注的新星。高效全能的赛场表现、帅气俊逸的五官面容，拥有这些优势的他成为许多品牌都梦寐以求的代言人。

在经过激烈的竞争后，Air Jordan 成功签约东契奇，并于 2019 年 12 月 27 日正式发布了这一消息。对于东契奇，乔丹期望："卢卡是一名非凡的年轻球员，他所展示的篮球技巧，以及他在 NBA 中取得的巨大进步，让人看起来有些不可思议。我们很高兴他加入乔丹品牌大家庭，以最佳新秀的身份代表乔丹品牌征战赛场。"

❶ Air Jordan 11 Low

2017 年，东契奇与耐克签下为期两年的合同。比赛中，东契奇所穿球鞋也几乎全是耐克每年的热门实战鞋款或是球星签名鞋，偶尔也会穿 Air Jordan 11 Low 这样的正代球鞋。

Nike Kobe 4 Protro

❷ Nike Kobe 4 Protro

由于与耐克的合约还未到期，东契奇进入联盟的首个赛季都穿着耐克球鞋比赛。东契奇穿的众多球鞋也能展示出其独到品位。

值得一提的是，东契奇在那段时间穿得最多的要数 Nike Kobe 4 Protro。

❸ Nike PG 2

在联盟解除球鞋配色的限制后，东契奇在球鞋的个性展示上也放开手脚。给球迷留下印象最深的，还要属东契奇向独行侠名宿诺维茨基致敬的这双带有诺维茨基半身肖像的定制版 Nike PG 2。

❹ Under Armour Curry 7

2019 年 10 月，东契奇在皇马时期与耐克签订的球鞋合同到期，东契奇成为球鞋市场上的“自由球员”，这也使东契奇可以有机会体验一番其他运动品牌的球鞋。而对于球迷而言，在那段时间里也可以说是大饱眼福。那段时间，东契奇换鞋频率还是相当高的，有时甚至一场比赛会先后换上三双球鞋。东契奇在实战中所穿品牌主要是 Air Jordan 和 Under Armour（安德玛）。

❺ Air Jordan 4

在 21 岁生日时，东契奇收到一份来自老板库班的定制球鞋大礼——Air Jordan 4。其中一款以东契奇超爱的网络游戏《堡垒之夜》为设计灵感。纯黑色的顶级翻毛皮鞋身，搭配皮质内衬，将奢华质感彰显得淋漓尽致，蓝粉双色的配件点缀也贴合《堡垒之夜》的设计灵感。

鞋身表面还暗藏了主机手柄按钮等压印细节，鞋舌与后跟处也印有东契奇的缩写“LD”与球衣号码“77”字样。泼墨造型的中底，在紫光灯照射下还暗藏别样彩蛋。

❻ Air Jordan 34 Low

东契奇是首位穿上低帮版本 Air Jordan 34 Low 公开亮相的球星，足见乔丹品牌对他的重视程度。目测，球鞋中底缓震结构并未有明显变化，仅对鞋头、后跟材质进行了用料调整。重点在于鞋帮高度略微降低，对于喜欢完全释放脚踝空间的球员，无疑是个值得期待的新选择。而低帮版本的日常穿搭实用性也更高，无论是球场实战还是平时逛街，都有着不俗的时尚表现。

❼ Air Jordan 1

这双特意为东契奇打造的 Air Jordan 1 Mid “Mindfulness”（正向理念）风格清爽，在大面积的白色基础上加入湖绿与紫色点缀。左右脚上的对勾设计与外底的鸳鸯设计是整双鞋最大的亮点。此款球鞋的细节设计颇为丰富，鞋垫上分别印有“Bring Your Game”（看你的）和“Tuned In”（明智的）字样，左右脚跟分别带有“Breathe & Center”（呼吸放松和集中精神）和“Center & Breathe”字样。

东契奇个人档案

- 卢卡・东契奇 / Luka Dončić
- 出生地：斯洛文尼亚卢布尔雅那
- 出生日期：1999 年 2 月 28 日
- 身高：2.01 米 ●体重：104.3 公斤
- 效力球队：独行侠 ●球衣号码：77
- 选秀：2018 年第 1 轮第 3 顺位
- 位置：小前锋、控球后卫

西班牙篮球联赛场均数据

赛季	球队	篮板	助攻	抢断	盖帽	得分
2014/2015	皇马	1.2	0	0	0	1.6
2015/2016	皇马	2.6	1.7	0.4	0.3	4.5
2016/2017	皇马	4.4	3.0	0.6	0.3	7.5
2017/2018	皇马	5.7	4.7	1.1	0.4	12.5

欧洲篮球联赛场均数据

赛季	球队	篮板	助攻	抢断	盖帽	得分
2015/2016	皇马	2.3	2.0	0.2	0.3	3.5
2016/2017	皇马	4.5	4.2	0.9	0.2	7.8
2017/2018	皇马	4.9	4.3	1.1	0.3	16.0

NBA 常规赛场均数据

赛季	球队	篮板	助攻	抢断	盖帽	得分
2018/2019	独行侠	7.8	6.0	1.1	0.4	21.2
2019/2020	独行侠	9.4	8.8	1.0	0.2	28.8
NBA 生涯		8.5	7.3	1.1	0.3	24.7

NBA 全明星赛数据

年份	举办地	篮板	助攻	抢断	盖帽	得分
2020	芝加哥	1	4	1	0	8